AF613881

ALFRED FOUILLÉE
Membre de l'Institut

La Réforme de l'Enseignement par la Philosophie

Librairie Armand Colin
Paris, 5, rue de Mézières

La Réforme de l'Enseignement par la philosophie

DU MÊME AUTEUR

A LA MÊME LIBRAIRIE

Les Études classiques et la Démocratie. 1 vol. in-18 jésus, broché. . . . . 3 fr. »

Pages choisies de J.-M. Guyau. 1 vol. in-18 jésus, broché . . . . 3 fr. 50

Relié toile . . . . 4 fr. »

La Philosophie de Platon. 1 vol. in-16 (Hachette). . 3 fr. 50

La Philosophie de Socrate. 2 vol. in-8 (Alcan). . . . 15 fr. »

La Liberté et le Déterminisme, in-8 (Alcan). . . . . 7 fr. 50

Critique des systèmes de morale contemporains, in-8 (Alcan). . . . . 7 fr. 50

L'Évolutionnisme des idées-forces, in-8 (Alcan). . . 7 fr. 50

L'Avenir de la Métaphysique fondée sur la Science, in-8 (Alcan). . . . . 5 fr. »

La Morale, l'Art et la Religion selon Guyau, in-8 (Alcan) avec un beau portrait de Guyau. . . . . . 2 fr. 75

La Psychologie des idées-forces. 2 vol. in-8 (Alcan). 15 fr. »

Tempérament et Caractère. 1 vol. in-8 (Alcan). . . . 5 fr. »

Le Mouvement idéaliste et la Réaction contre la science positive, in-8 (Alcan). . . . . 7 fr. 50

Le Mouvement positiviste et la Conception sociologique du monde, in-8 (Alcan). . . . . 7 fr. 50

Psychologie du Peuple français, in-8 (Alcan). . . . 7 fr. 50

L'Idée moderne du Droit, in-18 (Hachette). . . . . . 3 fr. 50

La Science sociale contemporaine, in-18 (Hachette). 3 fr. 50

La Propriété sociale et la Démocratie, in-18 (Hachette). 3 fr. 50

L'Enseignement au point de vue national, in-18 (Hachette). . . . . 3 fr. 50

Descartes, in-18 (Hachette). . . . . 2 fr. 50

Histoire de la Philosophie, in-18 (Delagrave). . . . 6 fr. »

La France au point de vue moral et social (*sous presse*).

Esquisse psychologique des peuples européens (*en préparation*).

La Morale des idées-forces (*en préparation*).

Coulommiers. — Imp. Paul BRODARD. — 220-1901.

ALFRED FOUILLÉE

MEMBRE DE L'INSTITUT

La Réforme de l'Enseignement par la philosophie

Librairie Armand Colin

Paris, 5, rue de Mézières

1901

PRÉFACE

Les études que renferme ce volume ont été, pour la plupart, publiées par la *Revue politique et parlementaire,* qui me les avait demandées avec instance. Elles s'adressaient non seulement au grand public, mais encore aux membres du Parlement. On me pardonnera sans doute d'avoir encore une fois, au profit des questions d'éducation, dérobé quelques heures à la *Morale des idées-forces* et aux autres livres de philosophie théorique ou ratique dont je prépare la publication. .es pages qu'on va lire ne sont pas de imples travaux de circonstance : les idées énérales qui y sont exposées sont parmi elles que je crois appelées à diriger le iècle nouveau. Elles ont, si je ne me rompe, une importance qui dépasse de beaucoup l'heure actuelle, et elles me semblent s'imposer d'une manière durable à l'examen des philosophes comme des hommes d'État.

LA
RÉFORME DE L'ENSEIGNEMENT
PAR LA PHILOSOPHIE

LIVRE PREMIER

L'ÉCHEC PÉDAGOGIQUE DES LETTRÉS ET DES SAVANTS

Quoique nous sortions à peine du XIXe siècle, il n'est pas impossible de jeter un regard en arrière et de chercher quel fut le grand défaut du siècle écoulé. Nous venons de traverser un âge « critique » plutôt qu'un âge « créateur ». On a même proposé d'appeler le siècle dernier le siècle de la critique. Les sciences objectives y ont fait de merveilleuses découvertes, mais les sciences de l'homme et de la société sont restées étonnamment en arrière, parce qu'elles se sont attardées à l'histoire, à l'érudition, à la critique historique et littéraire : on a déblayé le terrain, on n'a guère construit.

Quels ont été en France, pour les lettrés de la seconde moitié du siècle, les directeurs de conscience? Renan et Taine, deux penseurs qui ont en partie manqué leur vocation. Cette vocation était manifestement la philosophie; aussi bien commencèrent-ils tous les deux par se présenter à l'agrégation de philosophie, où Renan fut reçu le premier en 1848 et où Taine, d'abord admissible, se vit refuser l'admission définitive à cause de son hétérodoxie[1]. La philosophie avait été depuis longtemps paralysée par l'école de Victor Cousin, qui l'avait finalement réduite à l'histoire et à l'éclectisme, puis par le second Empire, qui, comme le premier Empire, avait peur des idéologues. Le vent soufflait d'un autre côté. Deux hautes intelligences qui auraient pu creuser les grands problèmes allèrent s'enlizer dans l'histoire.

1. Le jury était présidé par le magistrat Portalis, dont on devine la compétence et le libéralisme.

Peut-on relire aujourd'hui sans sourire certaines pages jadis trop vantées, où Renan prétend substituer aux sciences philosophiques et sociales « la critique », et quelle critique! La critique historique et philologique, à l'imitation de cette fameuse « critique allemande » dont on nous a rebattu les oreilles. Mais qu'est-ce, pour une époque, qu'un rôle critique, négatif et destructif, qui aboutit à tout ruiner sans rien édifier? On connaît la comparaison irrévérencieuse, mais non sans quelque justesse, qui, pour faire sentir aux « critiques » leur impuissance, les rapproche scientifiquement des eunuques. Le même rapprochement convient encore mieux aux dilettantes, que le même Renan avait mis à la mode et qui, sur la fin du siècle, devinrent un des principaux ferments de dissolution morale.

Toutes ces erreurs devaient retentir sur l'éducation de la jeunesse. Nous ne sommes point de ceux qui croient à la faillite de la science; tout au contraire. Mais nous admettons volontiers, pour le siècle qui vient de finir, l'échec des savants et des lettrés en fait d'éducation morale et sociale. On a, sous leur influence, bouleversé l'enseignement à diverses reprises : on ne l'a pas encore reconstitué sur des bases rationnelles. La littérature, d'une part, telle qu'elle est devenue avec l'invasion dans son sein de la philologie et de la critique, la science objective, d'autre part, malgré ses sublimes conquêtes, pouvaient-elles suffire à la tâche de l'éducation, au moment où les vieilles croyances religieuses, de plus en plus ébranlées, laissaient les esprits sans principes directeurs? C'est ce que nous nous proposons d'examiner, afin d'en conclure, s'il y a lieu, la nécessité d'une réforme philosophique qui, à sa manière, serait une réforme sociale.

CHAPITRE I

Les historiens.

Les historiens ont fait de grands efforts pour revendiquer la direction de l'enseignement. Mais, au XIXe siècle, l'histoire a donné tous ses grands résultats et ne pourra plus désormais que se perdre dans des détails d'érudition plus ou moins secondaires. Aussi le XXe siècle aura-t-il nécessairement une tout autre orientation que celle des études historiques. Au lieu de raconter ce qui s'est fait, il tâchera lui-même de faire et de refaire; au lieu d'avoir les yeux sur le passé, il les aura sur l'avenir; il sera le siècle de la science sociale, — sans compter les autres sciences, physiques surtout et biologiques.

Dès lors, à quoi bon attarder indéfiniment les enfants sur le matériel de l'histoire, au lieu d'en dégager l'esprit?

Taine, après avoir reçu la *Critique des systèmes de morale contemporains*, m'écrivit une longue lettre (4 novembre 1883), où, après m'avoir donné raison sur presque tous les points, il ajoutait ces lignes caractéristiques de ce que j'appellerai l'illusion du XIXe siècle :

« Si j'avais eu le loisir nécessaire,... j'aurais traité ce que vous nommez la physique de la morale, selon la méthode anglaise, avec cette différence qu'au lieu de prendre mon point de départ comme Darwin dans les sociétés animales, je l'aurais pris dans les sociétés humaines, dans l'histoire; j'aurais traité la morale comme j'ai traité l'esthétique, expérimentalement, en analysant et comparant les principaux systèmes de morale pratiqués (et non pas seulement professés) en Chine, chez les bouddhistes, chez les Grecs du temps de Cimon et les Romains du temps de Caton l'Ancien, dans le christianisme primitif, en France sous saint Louis, dans l'Italie de 1500, dans l'Espagne de 1600, etc.; et j'aurais tâché de finir par un chapitre intitulé : *De l'idéal dans la vie*, analogue à celui que j'ai écrit sur *l'Idéal dans l'art*. A mon avis, les diverses sciences morales, esthétique, morale, politique, logique, économie politique, ne peuvent devenir stables et progressives que si l'on suit à peu près cette méthode. Le temps m'a manqué pour l'appliquer tout au long; j'espère pourtant que mon quatrième volume vous présentera un chapitre où je suis arrivé, par le procédé historique, à présenter une idée objective, positive et non pas simplement personnelle, du droit et de l'État. »

N'y a-t-il point quelque ingénuité dans la foi de Taine et de son siècle à la méthode prétendue historique? Son chapitre sur le droit et l'État découle-t-il vraiment et objectivement des faits qu'il a d'abord exposés, c'est-à-dire *triés* parmi d'autres et mis dans un ordre déjà subjectif? La morale des Chinois, des bouddhistes, des Italiens de 1500 et des Espagnols de 1600 nous avancera-t-elle beaucoup pour la morale du XXe siècle? Les réflexions personnelles et philosophiques de Taine sont précisément ce qu'il y a de mieux dans toute son histoire ou dans ce qu'il croit être de l'histoire impersonnelle.

Taine nous dit que « la matière de toute science », à plus forte raison de l'histoire, consiste en « de tout petits faits bien *choisis* » — tout est là! Selon quelle *idée* les choisira-t-on? — « Importants. » — Alors ce ne sont plus de petits faits; et comment mesurerez-vous leur importance? — « Significatifs. » — C'est vous qui leur faites signifier ce que vous avez dans l'esprit. — « Amplement circonstanciés et minutieusement notés. » — « S'il n'y avait que des « notes » sans lien, vous n'auriez ni histoire, ni science. » M. Zola applique exactement la même méthode et, au lieu d'histoire, il fait du roman.

Après avoir écrit son beau livre sur l'*Intelligence*, Taine devait en écrire un sur la *Volonté*; il avait même écrit, de 1853 à 1855, quelques chapitres que la *Revue philosophique* a récemment publiés. Mais les travaux historiques ont tout interrompu et tout empêché. Sa philosophie s'est perdue dans l'histoire, et dans une histoire presque inutile, destinée à être immédiatement contestée, réfutée, dépassée. Les seules vues intéressantes, encore une fois, sont les grandes vues théoriques qui s'y mêlent et qui sont de la philosophie sociale à propos de l'histoire.

Quant à cet historien érudit qui fut Renan, il aboutit à nous montrer Jésus « possédant au plus haut degré ce que nous regardons comme la qualité essentielle d'une personne distinguée, je veux dire le don de sourire de son œuvre », tandis que Paul « crut lourdement ». Il regrette que Paul n'ait pas fini, comme Renan lui-même, par une seconde abjuration « en disant, lui aussi, *ergo erravi* ». Il nous montre Néron créant, par sa lubricité, l'esthétique chrétienne : « Éclose sous les yeux de Néron, l'esthétique des disciples de Jésus, qui s'ignorait jusque-là, dut la révélation de sa magie au crime qui, déchirant sa robe, lui ravit sa virginité. » C'est à ce genre d' « histoire objective » que se livre

Renan. Nietzsche avait raison de s'écrier au temps où l'auteur de la *Vie de Jésus* vivait encore : « Cet esprit de Renan, un esprit qui *énerve*, est une calamité de plus pour cette pauvre France malade, malade dans sa volonté. »

En somme, le XIXe siècle attendait des ouvriers capables de construire : on a vu de hauts esprits faire de l'histoire, de l'érudition, de l'art, et concourir par là à la désagrégation universelle, au lieu de coopérer autant qu'ils l'auraient pu à l'œuvre positive de reconstruction.

Jusqu'à présent l'histoire n'a pas été ce qu'elle devrait être; elle n'est ni une vraie science, ni un art vraiment éducateur. Quelque scientifique qu'il se prétende, l'historien voit-il lui-même les événements? Non, il ne les voit qu'à travers les récits de témoins dont aucun n'est impartial ni complètement informé. Les faits mêmes, d'ailleurs, sont déjà passés et ne sont plus des faits, mais des témoignages de faits, donc, déjà des choix de faits et des interprétations. L'historien lui-même, fût-il Taine, est tout rempli des idées et sentiments de son époque; bien plus, de son parti politique, religieux, économique, moral. C'est à travers tous ses sentiments personnels qu'il voit ce qu'il appelle les *faits*. Passe encore pour les faits bruts, comme : « Jean sans Terre a passé par là » ; quoi qu'en dise Carlyle, ils n'offrent qu'un intérêt bien secondaire. Quand l'historien veut conclure des faits aux *motifs*, sa seule ressource est d'imaginer un roman psychologique, beaucoup plus rapproché, sans doute, de la réalité que ceux de Walter Scott ou de Dumas, mais où il prête toujours aux personnages ses propres motifs tels qu'il les voit se manifester dans son esprit. Il s'agit, en effet, de ressusciter non seulement des événements, mais des hommes, avec leurs fins intérieures et avec leurs mobiles. Il y faut le génie de l'artiste, et ce ne sera jamais œuvre de science. Tout ce qu'on peut dire des résurrections historiques, c'est : — *Se non è vero, è ben trovato*. Bien autre encore est la difficulté quand il faut relier entre eux les événements et montrer l'action des hommes les uns sur les autres. Comme récit et comme explication, l'histoire n'a encore été qu'une construction de l'imagination et une construction de la pensée.

Elle a beau invoquer les faits, elle roule presque tout entière sur des idées. Il n'y a peut-être pas de science qui ait moins directement affaire aux faits que l'histoire, malgré le nom qu'elle se donne d'une connaissance de faits. On a même pu soutenir qu'il n'y a pas de science plus « idéologique » que l'histoire. Quand elle se borne vraiment à raconter des choses, elle n'est plus qu'une description incomplète, qui saisit tels ou tels événements apparents et vous les narre avec plus ou moins d'inexactitude. Mais de ces faits incomplets, choisis dans une masse infinie de faits, qu'est-ce que l'histoire *pure* peut conclure de scientifique? Dès que vous arrivez à une conclusion quelconque, dès que vous prétendez induire, généraliser, dégager des lois ou semblants de lois, vous ne faites réellement qu'exprimer des idées et vous sortez de l'histoire proprement dite. Les prétendues « lois historiques », demandez à Fustel de Coulanges ce qu'il en pense. Il vous dira que l'histoire peut bien, de temps en temps, découvrir des *causes*, par exemple celles des croisades, qui sont à peu près connues, mais que l'histoire pure ne découvre jamais de *lois*. L'histoire constate des simultanéités ou successions de faits, mais elle ne peut demander des lois explicatives qu'à la psychologie et à la sociologie, pour essayer d'en déduire, tant bien que mal, les événements historiques. Elle aboutit ainsi à une série d'abstractions, d'hypothèses et de vérités partielles, qui sont aussi nécessairement des erreurs partielles; jamais elle n'obtient une explication totale et sûre. Rien n'est donc plus hypothétique, plus artistique et moins scientifique que la science des faits historiques.

Le chef justement admiré de l' « école scientifique », Fustel de Coulanges, a eu une plus exacte conception de l'histoire que ses devanciers. Il veut étudier directement et uniquement les textes dans le plus minutieux détail et n'affirmer que ce qu'ils démontrent. Seulement, à ce compte, l'histoire n'ira pas loin. Quoi de plus contesté que les interprétations de textes données par Fustel de Coulanges lui-même, notamment sur la propriété chez les Germains? Quoi de plus systématique au fond que les idées dominantes de la *Cité antique* sur la religion absorbant toutes choses, ou celles mêmes de l'*Histoire des institutions politiques de l'ancienne France*? L'histoire « exacte » s'est montrée simplement moins inexacte que les autres. Tout historien, encore un coup, *trie* les faits qui lui paraissent importants ; ce triage demeure subjectif si l'histoire n'emprunte pas un critérium à la psychologie et à la sociologie. Conclusion, il n'y a point et il ne peut y avoir d'histoire parfaitement exacte et scientifique.

D'ailleurs, l'histoire fût-elle entièrement « objective », elle n'en serait que plus vide moralement. L'histoire exacte, l'histoire historique, l'histoire des historiens, qu'on a prétendu transporter dans l'éducation, est profondément triste, parce qu'elle n'est guère qu'un prolongement de l'histoire animale. Comme celle-ci est le tableau de la lutte pour la vie et de la domination des espèces les unes sur les autres, ainsi l'histoire humaine raconte la lutte des hommes et des sociétés pour la vie, l'exploitation de l'homme par l'homme, d'une race par une autre, d'une classe par une autre. Elle est l'épopée de la violence triomphante. C'est à force de crimes, de fourberies, de trahisons et de violations des traités qu'on a fait le royaume d'Angleterre, l'empire d'Allemagne, — et le royaume de France.

Nos meilleurs historiens scientifiques répètent tous après Fustel de Coulanges : « L'histoire ne sert à rien. » M. Langlois nous dit : « Il semble bien que l'histoire ne soit pas plus une école qu'elle n'est un tribunal. » La génération française de 1848 avait espéré, « dans son enthousiasme juvénile pour la science », que l'histoire, en instruisant l'humanité des raisons de ce qui est, « affranchirait l'avenir et ferait entrevoir ce qui sera ». Le XIXe siècle s'est achevé ici « sur des désillusions ». On nous montre la « vanité des appels à la justice de l'Histoire », comment celle-ci ne peut connaître des injustices en nombre infini qui n'ont pas laissé de traces, comment les injustices dont, « chose très rare, des preuves décisives ont été conservées », comme dans l'affaire des Templiers, peuvent rester six cents ans méconnues; comment cette justice prétendue est à la merci des dispositions personnelles des historiens. Si de la justice historique nous passons à la vérité historique, celle-ci apparaîtra comme presque aussi incertaine que celle-là. Les tableaux émouvants d'Augustin Thierry ont été empruntés à des documents dont l'inauthenticité est aujourd'hui démontrée, et les réflexions mêmes de Thierry « ne sont plus que des fantaisies ». L'*Histoire de France* de Michelet, l'*Histoire des origines de la France contemporaine* de Taine sont « en loques »; tel chapitre de ces auteurs « n'est qu'un magnifique tissu d'inexactitudes, historié en traits de flammes ». De même pour « l'abrupt réquisitoire de Mommsen », dans son *Histoire romaine*, contre les républicains des derniers temps de la République. D'ailleurs, jamais des historiens « ne seront du même avis sur un ensemble de faits complexes [1] ».

Dans le scepticisme historique qui caractérise tant d'historiens « scientifiques », il y a assurément quelque exagération; mais ce qui demeure vrai, c'est que les historiens scienti-

1. Ch.-V. Langlois, *l'Histoire au XIXe siècle* (*Revue bleue* du 25 août 1900).

fiques ne sauraient être des éducateurs, puisqu'ils proclament eux-mêmes la vanité et l'inutilité de leur « science ». Quant aux autres historiens, ce sont, pour la plupart, des littérateurs qui exposent leurs opinions et leurs préjugés à propos de l'histoire et surtout à côté de l'histoire. Comment pourrait-on encore, sans danger, leur confier l'éducation des jeunes âmes? A vrai dire, les historiens de chaque pays adorent les crimes qui ont été utiles à leur patrie et abominent les autres; c'est le plus clair de leur morale. Si c'est Louis XI, Louis XIV ou Bonaparte, on admire quand on est Français; si c'est Frédéric II, Bismarck ou de Moltke, on admire quand on est Allemand. Il ne faut pas même « trois degrés d'élévation du pôle » pour renverser tous les jugements des historiens.

Est-ce à dire que l'histoire soit vraiment et de tout point inutile? Tant s'en faut. Elle est l'expérience de l'humanité, expérience indirecte sans doute, confuse et diffuse, mais d'où l'on peut cependant tirer des leçons restreintes et conditionnelles. Elle est indispensable à la sociologie pour dégager des lois sociales abstraites, c'est-à-dire applicables à des séries de phénomènes détachés de l'ensemble et hypothétiquement considérés comme seuls. Seulement, ces lois n'expriment que les conditions générales de telle classe de phénomènes sociaux fictivement séparés (il n'y en a point de réellement séparés). Pour conférer à ces lois une valeur pratique et une vertu divinatrice, il faudrait les incorporer dans les phénomènes concrets et dans les circonstances déterminées; mais, par essence même, ces circonstances sont toujours changeantes. C'est pourquoi l'histoire, comme telle, ne peut rien *prédire*. L'induction historique du passé à l'avenir est toujours problématique, on ne peut procéder que par abstraction en ajoutant : *toutes choses égales d'ailleurs*; et, précisément, les choses ne sont jamais égales. La sociologie même, à laquelle l'histoire apporte les matériaux nécessaires, ne peut faire que des prédictions conditionnelles, particulières et, en quelque sorte, abstraites, avec de perpétuelles restrictions. Un pareil travail n'a rien à voir avec l'instruction secondaire : il est une des tâches les plus ardues de l'enseignement supérieur. Ce ne sont pas même les Augustin Thierry, les Guizot, les Thiers, les Mignet, les Henri Martin, esprits de second ordre (Michelet et Renan ne furent de premier ordre que par le génie littéraire), qui seraient capables d'une besogne à la fois aussi délicatement scientifique en ses méthodes et aussi désespément conjecturale en ses résultats. Taine eût pu l'entreprendre : il s'est trompé de chemin.

Il est clair que l'histoire approfondie du XIXe siècle demeure très utile pour le XXe, parce que les conditions sociologiques et psychologiques n'ont guère changé; mais ce qui s'est passé du temps de Louis XI ou même de Henri IV nous est, en général, fort peu utile, parce qu'il n'y a presque plus rien d'analogue. En tout cas, on n'en peut rien tirer de vraiment pratique pour l'éducation secondaire.

Ce qu'il y a encore de meilleur et de plus éducatif dans l'histoire, c'est la légende : Passant, va dire à Sparte... *Pœte, non dolet.* A moi, d'Auvergne ! La garde meurt et ne se rend pas.

Les Allemands, dont on a eu la naïveté de

croire que l'on empruntait les méthodes pédagogiques, se gardent bien d'enseigner dans les gymnases la soi-disant *science* allemande de l'histoire. Ils ont même fait de leur enseignement de l'histoire une école de mensonge où la fin patriotique justifie les moyens. Comme l'a dit devant la commission d'enquête M. Boutroux, qui connaît à fond les gymnases allemands, l'éducation allemande par l'histoire consiste essentiellement à enseigner « que le but de l'Éternel, en créant le monde, a été de préparer la domination de la Prusse sur l'univers ». Quant aux Anglais, attendez quelques années pour lire, dans leurs manuels d'histoire, le récit de la guerre des Boers, de ses causes glorieuses, de ses moyens glorieux et de ses glorieux effets.

Encore un coup, on trouve dans l'histoire des faits et des lois prétendues en faveur de toutes les thèses. Les seules conclusions sérieuses sont, comme nous venons de le montrer, les conclusions volontairement limitées à un objet précis qu'un sociologue peut déduire de séries *particulières*, considérées *abstraitement* et étudiées *scientifiquement.* Mais qu'est-ce que vous pourrez jamais conclure des batailles, des négociations diplomatiques, des tromperies mutuelles, des traités signés et toujours violés, en un mot de tout ce qui remplit l'histoire qu'on *enseigne*? Dans l'instruction secondaire, une étude sérieuse de l'histoire est impossible, et les prétendues leçons de l'histoire y sont l'expression des opinions particulières de l'historien. S'il est monarchiste, il vous démontrera par l'histoire tous les dangers des républiques; s'il est républicain, tous les dangers des monarchies : l'une et l'autre démonstration est l'enfance de l'art.

M. Thiers a prétendu que l'économie politique est de la littérature ennuyeuse; on aurait pu lui répondre que l'histoire, telle qu'on l'enseigne, est de la littérature amusante, — quand elle est amusante. Je persiste donc à croire que l'histoire, quelque nécessaire qu'elle soit pour nous faire connaître *grosso modo* l'humanité et notre patrie, n'a pas une valeur éducative assez grande pour mériter d'envahir nos programmes et pour se substituer à l'étude des grandes œuvres littéraires ou des grandes idées morales et philosophiques.

On a objecté que l'histoire était excellente « pour montrer le néant des utopies collectivistes ». Mais est-ce que Marx ne prétend pas précisément s'appuyer sur l'histoire pour soutenir : 1° que les nécessités économiques dominent tout le reste; 2° que le régime de la propriété s est transformé continûment de l'esclavage au servage, du servage au salariat, et devra se transformer plus tard, par la même prétendue *loi*, de la possession privée à la possession collective?

J'aurais plus confiance, pour réfuter le collectivisme, dans le psychologue, qui montrera que le mobile de l'intérêt collectif ne saurait remplacer, à lui seul, les mobiles personnels et familiaux; dans le moraliste, qui montrera qu'il est injuste d'enlever à l'individu le produit de son travail et la libre disposition de ce qu'il a produit; dans l'économiste, qui montrera que la parfaite répartition des travaux et des salaires par l'État ou l'administration est une impossibilité. Si nous ne comptons que sur les historiens pour réfuter les collectivistes, nous attendrons longtemps et même toujours.

Le xxe siècle est comme assiégé et enveloppé de grands problèmes moraux et sociaux à résoudre ; il a mieux à faire que de se demander, par exemple, ce qui s'est passé sous Philippe-Auguste et pourquoi, après la cérémonie du mariage et du couronnement, le roi manifesta une répulsion subite pour sa jeune femme Ingerburge de Danemark ; grande question qui est d'ailleurs restée absolument insoluble pour tous les érudits, pour M. Davidsohn comme pour Géraud. Le xixe siècle a perdu les trois quarts de son temps en recherches d'histoire et d'érudition ; l'école de Cousin a perdu la totalité de son temps à faire de mauvaise histoire de la philosophie. Aussi le fameux siècle de l'histoire et de la critique — le xixe siècle — a-t-il été une époque d'anarchie intellectuelle, de dilettantisme, de scepticisme, un choc d'opinions sans preuves et sans règles, dont chacune prétendait s'appuyer sur ce qui est éternellement mouvant : l'histoire. A quoi aboutit le savant livre de deux excellents historiens,

MM. Langlois et Seignobos, *Introduction aux études historiques*? A cette conclusion que « les questions posées par l'histoire restent insolubles par les procédés historiques ». C'est juste le contre-pied de Taine et de Renan.

On finit aujourd'hui par s'en rendre compte, par comprendre qu'il n'y a point de *science* du particulier et de l'éphémère ; c'est pourquoi on fait appel, au-dessus de l'histoire, à la sociologie, encore en enfance et balbutiante, mais qui grandira vite. L'histoire conservera une grande valeur comme fournissant des thèmes sociologiques, des problèmes sociologiques, des éléments de solutions sociologiques. Je suis donc loin de nier son utilité — pour autre chose qu'elle-même et pour une besogne qu'elle ne peut elle-même accomplir.

La *méthode historique indûment érigée en méthode universelle* a été la grande erreur du XIXe siècle, comme la méthode constructive *a priori* avait été celle du XVIIIe siècle ; le siècle qui s'ouvre doit adopter la méthode *directe* d'analyse et de synthèse, qui est la seule méthode scientifique et philosophique.

Le mot même d'*évolution*, dont on a tant abusé dans le siècle qui vient de finir, enveloppait cette illusion que l'histoire des diverses transformations d'une chose suffirait à nous la faire comprendre. Les lois de l'évolution, malgré leur importance, sont des effets à expliquer, non des causes explicatives.

Quant au point de vue moral, un philosophe seul serait capable, non sans peine, de tirer une moralité très générale de l'histoire, d'y montrer l'humanité se dégageant lentement de l'animalité, le droit, la justice et l'amour introduisant au sein de la violence et de la guerre les germes d'une société nouvelle, qui est encore bien loin de nous. Quelle profondeur de foi philosophique, morale et sociale ne faut-il pas pour saisir dans les ténèbres de l'histoire, je ne dis pas la lueur divine, mais simplement la lueur humaine! Je veux croire que, dans l'Université, nos savants professeurs d'histoire s'en soucient; j'ai bien peur que le plus haut degré auquel ils sont capables d'atteindre soit simplement le culte du sentiment patriotique, avec ses aveuglements comme avec ses lumières. Un de nos plus éminents et de nos plus généreux historiens, qui s'est fait éducateur et a su exercer une influence sur la jeunesse, a résumé lui-même la morale de l'histoire patriotique en s'écriant : « Si je n'avais pas pour le drapeau le culte d'un *païen* pour une *idole* qui veut de l'*encens* et, à de certains jours, des *hécatombes*..., je perdrais la principale *raison de vivre.* » Ce sentiment idolâtre de la patrie est-il le vrai patriotisme, et un moraliste pourra-t-il accorder que le « drapeau », quelque sacré qu'il soit, représente, avec les hécatombes, l'unique raison de vivre?

Je pense qu'un moraliste, s'il écrivait un volume d'histoire en vue du baccalauréat, jugerait superflu d'y mentionner, comme l'a fait un historien, la suite des maîtresses de Louis XIV avec leurs caractères divers (« Mme de Montespan, fière de sa fécondité », etc.) et la liste détaillée de leurs bâtards devenus princes. Un peu plus de sévérité dans le choix des questions ne messied pas à un éducateur.

Aucun philosophe n'aurait pris non plus tellement au sérieux la géographie (aux abus de laquelle les Allemands ne cessent de faire la guerre). Ce n'est pas un esprit philosophique qui, rédigeant un petit résumé de géographie en vue des examens, aurait cru devoir, pendant quatorze pages, énumérer les moindres détails de l'ancienne division administrative avant 1789 : « *Soule* : états présidés par l'évêque d'Oloron et compris de la même façon que ceux de Basse-Navarre; *Nébouzan*, l'abbé de Nisors, président de l'ordre du clergé; le baron de la Roque, président de l'ordre de la noblesse; le premier consul de Saint-Gaudens, président de l'ordre du tiers-État », etc. Si des professeurs conçoivent les examens sur ce type, il serait bon de les ramener à une vue plus philosophique de l'enseignement.

Peut-être obtiendrait-on des résultats un peu moins problématiques si, à l'histoire générale, on substituait dans l'enseignement classique, comme on l'a fait avec raison dans l'enseignement moderne, l'histoire de la civilisation et du progrès humain. Cette réforme permettrait de faire rentrer dans l'ombre les neuf dixièmes des batailles et d'aller un peu plus au fond de l'évolution vraiment humaine. Mais alors, il faudrait enseigner l'histoire au point de vue philosophique et sociologique : des historiens philosophes en seraient seuls capables, non des historiens spécialistes dont on emplit la tête de faits, presque tous contestés, ou d'une signification assurément contestable.

L'histoire pure est une navigation sans boussole, sur un océan de faits sans loi.

CHAPITRE II

Les grammairiens et philologues.

Les grammairiens sont encore plus incapables de donner une bonne direction à l'enseignement que les historiens. Quand ils ont des prétentions à la science, ils deviennent des philologues, des historiens de la langue, et les philologues ne nous ont montré que trop comment ils comprennent l'éducation. Ils ont mis aux mains de nos élèves les plus savantes chrestomathies, et les plus vides! Tel membre de l'Académie française qui demandait jadis la suppression des classes de philosophie initie les enfants de treize à quatorze ans, encore ignorants de la grammaire actuelle, à la grammaire du moyen âge, à la phonétique du moyen âge; il leur apprend que *a* après *c*, *g*, non précédés d'*o* ou *a*, et après *j*, devient *ié* : capra, chievre, mand(u)care, mangier; de même, après une consonne suivie d'*e*, *i*, en hiatus : basi*a*re, baisier, etc. Cela dure 93 pages.

Je doute qu'un professeur de philosophie et de morale, faisant par exemple une édition classique de Marot, de Ronsard (et autres poètes qu'on eût peut-être bien fait de laisser dormir leur sommeil) l'eût remplie de vers d'amour, comme font les savants philologues des Facultés ou de l'Institut qui se chargent d'écrire pour nos élèves. Peut-être aussi un professeur de philosophie trouverait-il plus que superflu pour les enfants de se casser la tête sur le vieux français, — dans la *chrestomathie du moyen âge* dont je parlais tout à l'heure, — pour le seul but d'arriver à comprendre des chansons érotiques et des pastourelles.

Par dessos l'ombre d'un bois
Troval pastore à mon chois;
Quand la vi senz compaignie,
Mon chemin lais, vers li vois. Aé!

« Dès que je la vis, j'allai vers elle, je descendis de cheval et je lui dis : — Pastourelle, mon amie, je me rends à vous de bon cœur. Faisons-nous un pavillon de feuillage et nous nous aimerons gentiment. Aé. »

Faisons de feuille cortine,
S'amerons mignotement. Aé!

Nos moyenâgistes, dans leurs éditions classiques, servent aux élèves de France, d'après le texte publié *en Allemagne* (toujours en Allemagne!) par M. H. Suchier : *Aucassin und Nicolete neu nach der Handschrift mit Paradigmen und Glossar* (Paderborn, 1899, in-8°), les amours d'Aucassin et Nicolette, *chante-fable* dont l'auteur est inconnu, — c'est-à-dire récit insipide dont on veut faire une merveille.

Je te baiseroie estroit,
Si j'étais fiz à roi,
S'afferiez vos bien à moi,
Suer, douce amie.

Comme les élèves de seconde ne comprendraient rien (ni vous ni moi) à l'espèce de patois dans lequel cela est écrit, on est obligé de leur traduire le tout en français moderne, 22 pages, dont voici la fin : « Beau doux ami, soyez le bienvenu ! — Et vous, belle dame amie, soyez la bienvenue ! — Ils s'entrebaisent et s'embrassent, et grande est leur joie... — Aucassin, fait-elle, beau doux ami, avisez à ce que vous ferez. Si votre père fait demain fouiller cette forêt, et qu'on me trouve, quoi qu'il advienne de vous, on me tuera. — Certes, belle douce amie, j'en serais bien affligé. Mais, si je puis, ils ne vous tiendront pas. — Il monte sur son cheval et prend son amie devant lui, la baisant et l'embrassant, et ils chevauchent à travers la plaine. »

Aucassin li beaus, li blonz,
Li gentiz, li amoros,
Est oissuz del gant parfont,
Entre ses braz ses amors,
Devant lui sous son arçon ;
Les ieux li baise et le front
E le boche e le menton.
Elle l'a mis à raison :
« Aucassin, beaus amis douz,
En quelle terre en irons-nos?
— Douce amie, que sai-je?
Moi ne chaut ou nos alons,
En forest o en destor,
Mais que je soie avuec vos ! [1] »

1. Ed. Hachette, 1899, p. 152.

On sert encore aux élèves, d'après l'édition allemande de M. W. Fœrster (Halle, 1891), *le Chevalier au lion*, histoire édifiante d'une noble dame qui épouse celui qui vient de tuer son mari. Messire Yvain est en compagnie d'une gente demoiselle, qui « le distrait et lui procure tout ce qu'il pourra désirer ». Mais « elle le trouve, à cause de l'amour dont il est épris pour la dame, morne et distrait ». « Je n'ai jamais vu », lui dit-il pour expliquer que ses soupirs vont ailleurs, « un visage si bien dessiné, si frais, d'un teint si pur. J'ai le cœur navré quand je la vois se serrer la gorge : elle n'hésite pas à lui faire tout le dommage qu'elle peut, et pourtant il n'est pas de cristal plus brillant, il n'est pas de glace plus polie! »

Que je li voi sa gorge estreindre;
Certes elle ne se set feindre
Qu'al pis qu'ele puet ne li face,
E nus cristaus ne nule glace
N'est si clere ne si polie.

Tout est bien qui finit bien; après quelques façons, la belle dame épouse le meurtrier de son époux. « Désormais messire Yvain est le maître, et le mort est tout à fait oublié. »

> Mais ou est messire Yvains sire,
> E li morz est toz obliëz.

Tel est, paraît-il, « le chef-d'œuvre de Chrétien [1] ».

Je demande en quoi ces amours d'Aucassin ou d'Yvain formeront le goût de nos élèves, et en quoi aussi leurs mœurs? Et si on leur apprend ensuite que le *Roman de la Rose*, par exemple, contient d'abord un Art d'aimer, dans lequel l'auteur, nous dit-on, pour joindre l'action aux préceptes, a mis en scène « les phases successives d'une intrigue amoureuse », je demande si on poussera l'exactitude historique, philologique et physiologique jusqu'à décrire ces phases successives, jusqu'à élucider les mots à double sens et les allusions pornographiques, jusqu'à expliquer toutes les hypothèses sur cette « rose » et sur ce qui s'y rapporte. Sinon, pourquoi soulevez-vous, doctes philologues, des questions auxquelles vous n'avez pas l'intention

1. Edit. Hachette, 1890, p. 95 et suiv.

de répondre? Nos élèves ont donc bien du temps de reste, pour pouvoir se livrer à vos belles études! S'il en est ainsi, s'ils disposent vraiment de tant d'heures, qu'on leur enseigne des choses un peu plus utiles à leur éducation morale et sociale, ou même à leur éducation littéraire. Peut-être n'est-il pas temps encore de supprimer les classes de philosophie au profit de la philologie.

Le culte de la grammaire savante et puérile est devenu tel que nous lisons dans une grammaire grecque, d'ailleurs très remarquable : « L'ordre des mots de la phrase peut être interverti en grec » ; suit un exemple. Ainsi, voilà des élèves qui ont fait déjà des versions latines et qui vont faire des versions grecques, et vous croyez qu'ils ne s'apercevront pas, dès la première phrase, que, en grec comme en latin, la construction diffère de la construction française? Vite, là-dessus, un précepte à apprendre par cœur. Un petit poids de plus pour charger la mémoire!

On se rappelle ce que dit Montaigne de cet homme qu'on voit sortir après minuit d'une salle d'étude : « Penses-tu qu'il cherche parmi les livres comme il se rendra plus homme de bien, plus content et plus sage? Nulles nouvelles. Il y mourra ou il apprendra à la postérité la mesure des vers de Plaute ou la vraie orthographe d'un mot latin. » Aujourd'hui, ce n'est pas la postérité, c'est la jeunesse présente que nos philologues ont condamnée à scander Plaute, à écrire *adulescens* au lieu d'*adolescens*, à savoir la vraie orthographe latine quand on ne s'entend pas encore sur la vraie orthographe française. On a remplacé la poésie par la « métrique », l'esprit par la lettre qui tue! « On ne cesse de criailler à nos oreilles, disait encore Montaigne, comme qui verserait dans un entonnoir; et notre charge, ce n'est que redire ce qu'on nous a dit. » N'est-ce pas le portrait toujours exact de la façon dont nos érudits comprennent l'enseignement? Que n'ont-ils pas versé dans leurs programmes et dans la tête des élèves comme dans un entonnoir? Laissez-les faire, ils voudront nous changer tous en philologues, en polyglottes ou en épigraphistes. Il semble que l'idéal de l'éducation à leurs yeux soit : n'avoir rien à dire en plusieurs langues, ou n'avoir à dire que des riens[1].

1. En 1885, Guillaume II, encore prince royal, adressait à un juge de Dusseldorf, M. Hartwich, auteur d'opuscules relatifs à l'enseignement secondaire, une lettre qui constitue pour l'histoire de la pédagogie allemande un document intéressant.

Potsdam, 2 avril 1885.

Monsieur le Juge,

« Recevez mon remerciement le plus cordial pour les deux brochures que vous m'avez envoyées. J'ai lu *De quoi nous souffrons* avec grand intérêt et joie plus grande encore; enfin donc il s'est trouvé quelqu'un qui attaque ce système fossile, le plus meurtrier des systèmes pour l'esprit! Ce que vous exprimez là, j'y souscris mot pour mot. J'ai eu la chance pendant deux ans et demi de pouvoir me convaincre par moi-même des attentats qu'on exerce sur notre jeunesse....

« Homère, ce poète admirable pour lequel j'ai eu une passion, Horace, Démosthène, dont les harangues doivent électriser chacun, comment les lisait-on? Était-ce avec enthousiasme pour le combat, les armes ou les scènes de la nature qu'ils décrivaient? Plus souvent! Le scalpel du grammairien, du philologue fanatique démembrait, disséquait chaque phrase, jusqu'à ce qu'on eût le bonheur de découvrir le squelette, et que l'on proposât à l'admiration générale la variété de l'emploi et de la place de ἄν ou de ἐπί ou de quelque particule semblable! C'était à en pleurer!

« Les rédactions latines et grecques (une folie furieuse!), que de temps et de peine elles nous ont coûté! Et quelle sorte de chose venait au jour! Je crois qu'Horace en aurait rendu l'âme d'horreur!

« Plus de ces tourments! Guerre au couteau contre un pareil enseignement! Ce système a pour résultat que notre jeunesse connait la syntaxe, la grammaire des langues anciennes mieux que les vieux Grecs eux-mêmes, qu'elle sait par cœur les noms des hommes de guerre, les batailles

Les éditions classiques qu'on met aujourd'hui aux mains de nos élèves n'ont rien de « classique » ; ce sont des mines d'érudition tudesque, avec des colonnes de notes en petits caractères à effrayer un bénédictin. Ces éditions chargées de remarques savantes, philologiques et historiques, contiennent-elles jamais la plus petite réflexion morale à l'usage des jeunes lecteurs? Non, il n'y a pas trace d'un souci quelconque d'éducation.

Nous applaudissons au projet ministériel de réforme lorsqu'il dit : « Prohiber dans les lycées et collèges l'emploi des grammaires d'un intérêt exclusivement scientifique et théorique. N'admettre qu'un précis simple et clair, réduit aux paradigmes et aux règles indispensables. » — Rien de mieux ; mais cette recommandation sera lettre morte si on laisse subsister une agrégation spéciale de grammaire et si, dans cette agrégation, on continue de donner

et les formations de bataille des guerres puniques et de Mithridate, mais qu'elle est tout à fait dans l'obscurité au sujet des batailles de la guerre de Sept Ans, pour ne pas parler de celles « beaucoup trop modernes » de 1866 et 1870. »

la primauté à l'érudition, à la philologie, à l'histoire, si enfin la philosophie continue de ne pas figurer aux programmes des diverses agrégations. Un professeur de grammaire a besoin de savoir fort bien deux choses : la grammaire, sans doute, mais surtout la morale et la psychologie de l'enfant. J'aimerais même mieux qu'il fît des solécismes en grammaire qu'en morale. Il serait donc bon, à l'agrégation, de lui demander une composition française sur la psychologie appliquée à l'éducation et une autre sur la morale privée ou publique. La philosophie seule peut faire de lui un éducateur.

CHAPITRE III

Les littérateurs.

On ne peut lire sans admiration tous les précis d'histoire littéraire écrits par nos meilleurs professeurs à l'usage de nos élèves. L'érudition, les idées, le style, tout est bien supérieur aux Nisard d'autrefois et aux Villemain. Mais, d'un autre côté, combien peu ces livres sont à la portée des enfants de quatorze ou quinze ans auxquels on enseigne l'histoire littéraire! L'essentiel est perdu dans la masse des noms, des faits, des dates, des renseignements bibliographiques, linguistiques, historiques, etc.

Il y a deux manières de comprendre l'enseignement de la littérature : la méthode philosophique et morale, qui est éducative; la méthode historique et critique, qui est purement instructive. La première méthode cherche dans la littérature les idées générales, les passions universelles, les grandes actions héroïques qui se retrouvent sous des formes plus ou moins différentes à tous les âges de l'humanité et qui s'expriment dans la poésie épique ou lyrique, dans la tragédie, dans la comédie, dans l'éloquence. Cette méthode, qui est essentiellement la méthode classique, dégage l'universel et communique aussi quelque chose d'universel aux pensées et sentiments de la jeunesse. Elle est un excellent auxiliaire de la morale et, à ce titre, elle est éducatrice. Depuis un certain nombre d'années, on a abandonné cette méthode en faveur de l'histoire et de l'érudition. La méthode historique, au lieu de l'universel, poursuit le singulier et l'individuel : elle s'efforce de montrer comment Racine a été Racine, non pas Corneille; comment la tragédie de Racine a été produite par ses antécédents, par le génie de Racine lui-même, par le milieu; comment elle n'a pu et ne pourra renaître, etc. M. Boutroux 'a remarqué excellemment, le dernier mot des études littéraires à la mode sur une œuvre d'autrefois, c'est de montrer que, toutes les conditions ayant été changées, cette œuvre serait aujourd'hui « impossible ». Nous voilà bien avancés ! Cette méthode se perd dans le détail, dans la particularité, dans l'éphémère. Elle s'intéresse à Jodelle, elle s'intéresse à Bertaut, à Larrivey, etc. C'est de la littérature pour les curieux, de la littérature pour les spécialistes, pour les critiques de profession. Elle instruit, je le veux bien, quoiqu'elle apprenne des choses parfaitement inutiles; mais qu'elle soit éducatrice, je le nie.

A défaut du vrai et des idées, trouve-t-on du moins dans l'enseignement littéraire des lettrés le profond souci du beau? La beauté, la grande beauté, qui est d'ailleurs inséparable des idées vraies et des grands sentiments, de la science profonde et de la moralité profonde, on ne semble pas en avoir cure, pourvu qu'on disserte sur les origines de la tragédie ou de la comédie, sur la genèse du lyrisme, etc. On raconte, on classe, on date, on situe dans le milieu, dans le temps :

on fait de la topographie et de la géographie littéraires; mais le fond de la littérature, qui est psychologie, philosophie, morale, religion, on ne le fait pas voir, et les élèves apprennent par cœur le superflu sans qu'on leur ait fait sentir le nécessaire et vivre la vie spirituelle. Tout le matériel de la littérature qu'y ont introduit les érudits en a chassé l'esprit moral. Chaque élève n'est invité qu'à une chose : devenir, pour le jour de l'examen, un lexique parlant. Après quoi, il oubliera Jodelle, et il fera bien. Et il l'oubliera d'autant mieux qu'il ne l'aura jamais lu.

Est-il donc nécessaire de connaître (comme on le demande fréquemment au baccalauréat) les six auteurs de la satire Ménippée : Jacques Gillot, curé doyen de Langres; Pierre Leroy, chanoine de Rouen; Nicolas Rapin, Jean Passerat, Pierre Pithou, jurisconsulte; Florent Chrestien, médecin, « traducteur *oublié* et poète *médiocre* »[1] ? Est-il nécessaire de savoir que les

1. Nos élèves connaissent le nom des poètes « oubliés »; cela les dispense de connaître les grands poètes, qu'ils n'ont pas le temps de lire. Florent Chrestien *revit* le jour du baccalauréat.

principaux genres lyriques des troubadours étaient « la romance, la pastourelle, la retroenge, la ballette, le servantois, le motet et le jeu parti. » ? Que les genres du Midi étaient la pastourelle, la canzone et le sirvente, « qu'il faut bien se garder de confondre avec le servantois » ? Oh ! la dangereuse confusion ! et combien il importe à nos enfants, à notre pays, de ne pas la commettre ! Connaissez-vous aussi, parmi les genres satiriques, les Débats, les Bibles et la Fatrasie ? Non? Ne vous présentez pas aux examens : Fatrasie et Fatras pourraient vous jouer un mauvais tour.

Je demanderai encore à nos lettrés s'ils trouvent vraiment indispensable, pour l'éducation d'enfants d'une quinzaine d'années, de leur expliquer tout au long, dans des études sur les auteurs français, la situation exacte de Molière par rapport aux deux Béjart, de bien leur faire comprendre qu'il avait été l'amant de la première avant d'épouser la seconde, que la seconde, qui passait pour la sœur, pouvait fort bien être la fille de la première, que le comédien Montfleury, en conséquence, « accusait

Molière d'avoir épousé sa propre fille » et que « Racine semblait appuyer de son témoignage les calomnies de Montfleury », etc? Est-il encore nécessaire de commenter dans les moindres détails la scène où Tartuffe est caché sous la table? Est-il nécessaire de mettre les enfants au courant des amours de Rousseau, de raconter ses « liaisons avec Mme de Warens et Mme d'Houdetot », son union avec Thérèse Levasseur, « fille d'auberge sans beauté et sans pudeur », la mise aux Enfants-Trouvés des quatre enfants naturels, etc.? Faut-il aussi approfondir les amours de René et insister sur les sentiments intimes de Chateaubriand, sous prétexte de faire comprendre qu'il « analyse son moi »?

Dans les sujets de composition donnés au baccalauréat, le théâtre absorbe les trois quarts : ce ne sont que comparaisons entre pièces de théâtre, qu'études de personnages, depuis « les jeunes filles dans Racine : Iphigénie, Monime et Isabelle », — cette rouée d'Isabelle, — jusqu'au « caractère de Mithridate », ce vieillard rival en amour de ses deux fils, ou aux traits particuliers de « la coquetterie dans Célimène ».

Je lis dans un devoir de jeune fille, donné comme modèle, une longue et perspicace analyse du caractère de Monime. « Isolée dans une cour étrangère, en présence de l'amant qu'elle a toujours fui, elle doit encore défendre son cœur contre les attaques de Pharnace. Que de périls ! Que de luttes ! Aussi ne peut-on entendre, sans être ému, ses plaintes à celui qu'elle aime, à Xipharès (le frère de Pharnace) :

Seigneur, vous me verrez, à moi-même rendue,
Percer ce triste cœur qu'on veut tyranniser
Et dont jamais encor je n'ai pu disposer.

« Monime a presque fait à Xipharès l'aveu de son amour lorsqu'elle apprend le retour de Mithridate. En cette circonstance, tout en restant bien femme, c'est-à-dire troublée, plaintive et passionnée, elle montre qu'elle connaît son devoir :

Phœdime, si je puis, je ne le verrai plus...

« Enfin la voilà aux prises avec les ruses de Mithridate. Là, elle montre l'intuition aiguisée des femmes... Elle ne soupçonne pas, elle pressent un piège ; mais son exquise candeur la perd, elle laisse échapper son secret, toutefois avec quelle discrétion, quelle pudeur craintive! etc. » Vous vous demandez quel âge avait cette charmante psychologue?

Quinze ans! O Roméo, l'âge de Juliette!

Du côté des jeunes gens, c'est bien mieux encore. On leur donne en devoir une lettre d'Alceste à un ami de Benserade qui lui avait demandé son avis sur le sonnet de « Job » et sur le sonnet d' « Uranie ». L'un d'eux, élève du lycée de Nîmes, termine une longue dissertation par un sonnet de sa façon qu'il met dans la bouche d'Alceste :

A CÉLIMÈNE

J'aimais son pas léger et vif comme un coup d'aile;
J'aimais son clair regard et ses jeunes appas;
Et sa grâce, perfide à mon amour rebelle,
M'amusant savamment, me liait à ses pas.

Parfois, quand un flatteur trop empressé près d'elle
Glissait un tendre aveu qu'il murmurait tout bas,
Je voulais m'indigner et lui chercher querelle...
Elle me souriait, et mon cœur n'osait pas! etc.

Roméo est encore plus fin psychologue que Juliette. Je demande qu'on remplace l'ennuyeux baccalauréat par une « cour d'amour ».

A parler sérieusement, ce que l'étude de la littérature doit faire approfondir aux enfants, est-ce donc les « passions de l'amour », les « feux » du vieux Mithridate ou ceux de Phèdre, ou sont-ce les grands sentiments qui ont pour objet la nature, la famille, la patrie, l'humanité, la destinée humaine? Cherchez un mot, un seul mot sur tout cela dans nos meilleures histoires littéraires, un mot quelconque qui ait pour but de moraliser les enfants! Les auteurs vous répondront : ce n'est pas mon affaire. Mais la conséquence en est que la littérature ne devrait pas être enseignée aux enfants comme une « fin en soi », ni comme un objet de « science ». Notre pays souffre déjà de pléthore littéraire, il est inutile de changer nos collégiens en petits gendelettres.

Je trouve parmi les sujets relativement les plus raisonnables qui aient été donnés dans les Facultés : *la Comédie au XVIIIe siècle*. Comment un professeur de rhétorique, avec des élèves d'une quinzaine d'années, pourra-t-il préparer à de pareilles dissertations? Fera-t-il lire *l'Impertinent* de La Noue, *la Métromanie* de

Piron, *le Méchant* de Gresset, *le Vieux Célibataire* de Collin d'Harleville, *la Mère jalouse* de Barthe, *l'Égoïsme* de Cailhava?... Vous, lecteur, avez-vous fait connaissance avec toute cette « fatrasie »? Non, direz-vous, mais il y a *Turcaret*, il y a *le Barbier de Séville*, il y a *le Mariage de Figaro*, il y a *le Jeu de l'Amour et du Hasard*, *les Fausses confidences*, *le Legs*, *l'Épreuve*. Eh bien, voulez-vous donc que des enfants de quinze ans se plongent dans ces lectures? Ont-ils le temps? S'ils l'avaient, serait-ce un bon emploi de leurs heures? Espérez-vous moraliser les enfants à leur faire lire Marivaux et Beaumarchais? Quels sont les parents, quels sont les maîtres répétiteurs qui ne seraient pas plutôt portés à « confisquer » tous ces livres, s'ils les voyaient aux mains des enfants? Dès lors, que demandez-vous aux candidats? Des noms, des dates, des titres d'ouvrages, des appréciations apprises par cœur. Vous appelez cela de l'éducation! Vous appelez cela de l'instruction!

Nos savants en lettres ont posé ce docte principe que, pour connaître une œuvre, il faut

« l'étudier dans son ensemble », que, pour connaître un auteur, il faut le suivre « dans toutes ses œuvres ». A ce compte, joignez aux *Fables* de La Fontaine les *Contes*, à l'*Histoire de Charles XII* la *Pucelle*. Les érudits n'ont pas encore osé le faire; mais, en attendant, ils n'oublient pas, dans leurs histoires, de parler des *Contes* et de la *Pucelle*. C'est ici que se révèle toute l'absurdité de la méthode. On fait apprendre aux élèves des noms d'auteurs et des analyses d'ouvrages qu'ils ne *doivent* même pas lire! Quelle étonnante conception de l'enseignement dit *classique*! Livré aux seuls philologues, historiens, critiques, érudits, cet enseignement serait bientôt voué à la mort.

Dans la première moitié du siècle, l'éducation littéraire des lycées semblait avoir pour unique but de former des « orateurs », des avocats, des députés. Il semblait que chaque élève fût destiné à être un petit Royer-Collard ou un petit Berryer. Aujourd'hui le vent a tourné : la mode est au théâtre et au roman. Un étranger pourrait croire que, en France, tout élève qui fait des études littéraires est destiné à être ou romancier, ou auteur dramatique, ou critique dramatique, ou tout au moins journaliste. Voulez-vous voir dès le lycée les *apprentis critiques de théâtre*? Vous trouverez à la fin d'une des meilleures histoires de la littérature répandues dans les classes : la Méthode pour « documenter les questions de théâtre ». Pour trouver le texte imprimé d'une pièce de théâtre antérieure au second tiers de ce siècle, on consultera d'abord le *Répertoire général du Théâtre-Français*, composé des tragédies, etc. Paris, Delo, 1821, 30 vol. B. N. Inventaire Y, f. 5337 = 5546. On consultera, en outre, au besoin, les *Répertoires* du Théâtre-Français qui suivent : Paris, Petitot, 1816, 25 vol. B. N. Inventaire Y, f. 5650 = 5674, etc. » (cela dure trois pages). Voyez-vous d'ici nos écoliers, surtout ceux de province, « documentant une pièce de théâtre » au moyen du Répertoire du Théâtre-Français? Une autre histoire de la littérature, due à un des meilleurs et des plus sages critiques de notre temps, contient une excellente table chronologique des événements littéraires, où figurent, à leur date, les romans de M. Zola, *l'Orme du Mail*, *le Mannequin d'osier* de M. Anatole France, *les Déracinés* de M. Maurice Barrès, *la Loi de l'homme* de M. Paul Hervieu, etc. Sont-ce bien les lectures qu'il faut, par une voie indirecte, indiquer à nos élèves, à ceux de Carpentras ou de Barcelonnette comme à ceux du lycée Louis-le-Grand?

Au reste, les auteurs mêmes de nos meilleures histoires de la littérature reconnaissent, avec la plus louable sincérité, que la route de l'histoire littéraire est, pour les classes, une fausse route. Écoutez, par exemple, l'éloquente et très judicieuse déposition de M. René Doumic devant la Commission d'enquête parlementaire: « On a remplacé l'étude de la littérature elle-même par l'étude de l'histoire littéraire, en sorte qu'on sait moins ce qu'il y a dans les principales maximes de La Rochefoucauld que la différence qu'il y a entre les éditions successives des *Maximes* » (t. I, p. 172).

Aujourd'hui, de même que les classes de grammaire sont ou voudraient être des classes de sciences grammaticales, les classes de lettres visent à être des classes de sciences littéraires, les classes d'histoire, des classes de sciences historiques. S'il ne restait pas l'exercice de la version et celui de la composition française, il ne subsisterait rien du véritable enseignement classique.

Quels sont maintenant les résultats *intellectuels* de toutes ces études mnémoniques? Lisez les rapports de la Faculté des lettres de Paris sur le baccalauréat. Vous y apprendrez que les compositions françaises deviennent de plus en plus des compositions de mémoire sur l'histoire littéraire et théâtrale, qu'elles finissent par atteindre, chez la masse des élèves, un degré d'uniforme médiocrité « qui rend presque impossible le classement »; le résultat, c'est qu'on est obligé, pour savoir si un élève mérite de passer, « de tenir compte surtout de sa version latine ».

Il n'y a qu'un seul frein possible à la monomanie érudite; c'est de supprimer purement et simplement l'histoire littéraire. Le professeur de littérature se bornera à étudier les auteurs classiques du programme et, *à leur sujet*, développera les notions indispensables de littérature. C'est bien assez, et soyez sûrs, étant donnée la fureur historique qui caractérise notre époque, que ce sera encore trop.

Au point de vue des résultats *moraux*, je reconnais qu'il y a dans la littérature et les auteurs littéraires une moralité *diffuse*, pour employer le mot à la mode; mais on oublie d'ajouter que les enfants y trouvent aussi une immoralité *diffuse*, parfois même concentrée. Nous en avons déjà donné des exemples et nous pourrions les multiplier. Que d'idées fausses, de sophismes, de préjugés, que de sentiments vicieux et injustes dans les œuvres des littérateurs, des poètes, des historiens, des « moralistes » même et des prédicateurs! Que de pages, en conséquence, propres à fausser l'esprit et à corrompre le cœur! Vous imaginez-vous vraiment que Molière, Racine, La Rochefoucauld, Rousseau, Voltaire, Diderot, etc., soient moraux? que Bossuet même soit toujours un bon éducateur, que la seconde partie de l'*Histoire universelle* ne soit pas propre, si on la prenait au sérieux, à dévoyer les esprits?

J'ouvre au hasard un recueil scolaire et j'y trouve la page du sermon sur la mort du riche : « Voici, messieurs, un grand spectacle : Venez considérer les saints anges dans la chambre d'un mauvais riche mourant. Oui, pendant que les médecins consultent l'état de sa maladie et que sa famille tremblante attend le résultat de la conférence, ces médecins invisibles consultent d'un mal bien plus dangereux. — Que d'huiles ramollissantes, que de douces fomentations nous avons mises sur ce cœur ! Et il ne s'est pas amolli. Ne voyez-vous pas sur son front le caractère d'un réprouvé ? La dureté de son cœur a endurci contre lui le cœur de Dieu, le ciel est de fer à ses prières, il n'y a plus pour lui de miséricorde ! » — Toute cette mythologie qui fait Dieu encore plus dur que le mauvais riche est-elle vraiment éducatrice ? Et dans ces merveilleuses *Pensées* de Pascal qu'on met aujourd'hui, en rhétorique, aux mains d'enfants de quinze ans, quel mélange de profondeur et d'absurdité, de bonne foi ardente et de sophismes inconscients ; que de paradoxes désolés et désolants, quel pessimisme, quel scepticisme, que de germes démoralisateurs! Il faut être philosophe et bon philosophe pour faire le triage, et surtout pour faire comprendre à des enfants qui n'ont pas fait leur philosophie ce qu'il y a là tantôt d'infiniment vrai, tantôt d'infiniment faux.

Nos professeurs de littérature et d'histoire dans les Facultés devraient, eux aussi, se soumettre à une discipline plus philosophique pour le choix des sujets de composition et d'interrogation aux examens. Au lieu de tout abandonner aux fantaisies individuelles, pourquoi le ministère ne se fait-il pas envoyer d'avance les sujets de composition, pour y faire un choix sévère? On ne verrait plus alors ces orgies d'histoire littéraire et de critique dramatique que nous venons de décrire et qui font croire à nos bacheliers que la Comédie-Française est le cœur de la France : « le rôle de Dorine dans *Tartuffe* », « le caractère de Phèdre », « le caractère d'Andromaque », « comparer l'Iphigénie d'Euripide avec celle de Racine », « le Joas de Racine et l'Ion d'Euripide », « apprécier les divers caractères des *Femmes savantes*, le rôle de Célimène dans le *Misanthrope* », « la couleur locale dans *Bajazet* et dans *Zaïre* », sujet donné à la fois au baccalauréat, à la licence et à l'agrégation, etc. ! Ne dirait-on pas, ici encore, que des enfants de quinze ans doivent passer leur temps à approfondir l'adultère et l'inceste ; à méditer le théâtre complet de Molière, de Racine ou de Voltaire, comme s'ils devaient être tous plus tard des Sarceys minuscules, des petits Jules Lemaîtres ou des Faguets au petit pied? Sans être prude, une mère de famille peut trouver que *le Cid*, *Horace*, *Cinna*, *Polyeucte*, *Esther*, *Athalie*, *Britannicus* et *le Misanthrope*, qui jadis figuraient seuls aux programmes, sont plus que suffisants pour initier un enfant à la tragédie et à la comédie. Il aura bien le temps, plus tard, de lire ou de voir jouer *Phèdre*, *Bajazet* et *Tartuffe*.

On peut conclure que l'étude de la littérature, telle qu'elle est comprise par les purs lettrés, si elle était poussée à fond, serait une démoralisation de la jeunesse ; heureusement, elle est superficielle, et au lieu de corrompre le cœur, elle se contente d'hébéter l'intelligence en surchargeant la mémoire. Tant que nos savants professeurs de lettres n'auront pas reçu une très forte culture philosophique et morale, ils ne pourront moraliser l'enseignement littéraire, qui en a si grand besoin.

CHAPITRE IV

Les hommes de science.

Ce n'est pas sans raison que les études scientifiques ont pris une place de plus en plus grande dans l'enseignement? Quel est l'exercice normal de la fonction intellectuelle? N'est-ce pas la connaissance méthodique de la vérité? Je dis *méthodique* et non pas fortuite, fragmentaire, dispersée, intuitive, poétique ou littéraire. Or, il est bien évident que la culture scientifique, que l'initiation aux *méthodes* scientifiques est nécessaire pour habituer l'intelligence à son exercice normal. Il est donc essentiel de faire une large part à la science dans l'éducation. Par malheur, les savants de métier ne considèrent que les résultats acquis par la science, les objets fixés et figés dans les livres, les *matières* qu'on peut inscrire aux programmes et faire apprendre aux écoliers. Voit-on parmi les professeurs spécialistes un profond souci de la *méthode* scientifique, de la logique scientifique, de l'invention scientifique et même, tout simplement, de l'esprit scientifique? Non, ce qui domine, ici encore, c'est la mémoire et la routine scientifiques, le moulin à équations qui marche tout seul, la nomenclature chimique apprise sur le bout du doigt, la classification botanique bien clouée dans les cases du cerveau. Nos professeurs de sciences sont pour la plupart étrangers à l'esprit philosophique, quand ils n'y sont pas hostiles. Leur philosophie se borne à prononcer de temps en temps le mot sonore d'évolution et à ajouter qu'au delà des faits objectifs et de leurs lois, il n'y a rien. Si les purs lettrés tendent à faire de leurs élèves ce qu'on appelle des hommes de luxe, les purs savants tendent à en faire ce qu'on pourrait appeler des hommes de peine.

On en peut dire autant de nos grandes écoles scientifiques ou, tout au moins, des examinateurs qui en gardent l'entrée. Leurs seuls moyens de sélection consistent : 1° dans la mesure du volume de connaissances entassées; 2° dans ce qu'on appelle les « colles ». Ces étonnants examinateurs dominent de loin l'enseignement universitaire, qui est obligé de se plier à leurs fantaisies aussi despotiques qu'aveugles. Aussi, que sont les classes de mathématiques spéciales? Un savant professeur d'Université vous répondra : des endroits où l'on « ressasse les colles d'examen qui font le plus clair du programme d'admission à l'École polytechnique ». Le même professeur de physique, expérimentateur de son métier, reproche vivement à notre temps « l'abus pédagogique des sciences expérimentales » et des sciences « descriptives », comme la géologie. Il ne veut même pas qu'on abuse de la physique. Il se consolerait de ce qu'un élève ignorerait la théorie du baromètre. « Aussi bien, ajoute-t-il, si vous vous imaginez qu'un bachelier ès sciences sait ce qu'est un baromètre, vous avez de la crédulité ou de l'ignorance à revendre. Apprenez que la question avec laquelle on colle le plus sûrement un élève au baccalauréat est la définition de la pression. S'il ignore ce qu'est une pression, il a sur le baromètre des idées aussi nettes que le premier cantonnier venu. » Le professeur en question nous révèle que, « en mettant dans le même crâne toutes les connaissances mathématiques des cent derniers élèves de l'École polytechnique, on ne ferait qu'un ignorant ». Les gens du monde « ne se doutent pas de l'épouvantable nullité mathématique de tout ce qui n'a pas eu l'espoir un instant de sortir dans les carrières civiles »[1].

Lisez les dépositions des savants devant la commission d'enquête parlementaire : le résultat final qu'ils constatent, c'est la profonde ignorance scientifique des élèves, due à la prodigieuse ineptie des programmes de sciences, à la méthode vicieuse d'enseignement qui méprise la qualité au profit de la quantité, sous prétexte d'utilité en vue des écoles ou des carrières scientifiques.

Le résultat de l'*indigesta moles* dont nos

1. M. Bouasse, professeur à l'Université de Toulouse, *Revue de métaphysique et de morale*, janvier 1901.

hommes de sciences surchargent les élèves, c'est que ceux-ci ignorent l'essentiel. Il a fallu installer à la Faculté des sciences de Paris, spécialement à l'usage des candidats au certificat de physique, un cours de mathématiques analogue à ceux des lycées, de même qu'on a dû installer à la Faculté des lettres de Paris un professeur spécial qui fait aux étudiants une classe de lycée avec des thèmes comme en quatrième. M. Lippmann a aussi signalé l'exemple du P. C. N. à l'usage des écoles de médecine. « On a constaté que nombre de nos futurs médecins, bacheliers ès sciences, ne savent faire ni une division, ni une règle de trois. On a donc été obligé de charger un des jeunes maîtres du P. C. N. de Paris, d'enseigner aux élèves les questions de l'arithmétique élémentaire. » M. Lippmann a bien raison d'ajouter : « Aucun souci, de la part des auteurs de nos programmes, de la qualité, c'est-à-dire de la solidité du savoir. Si l'on partait de ce principe qu'on ne demandera que les *éléments* de l'algèbre, par exemple, ou de toute autre science, mais en exigeant la preuve que le candidat s'est assimilé un *minimum de programme*, si, en un mot, on exigeait la *perfection* pour ce minimum, on arriverait à un tout autre résultat. » Nous entendons ici un grand savant parler en vrai philosophe et donner une excellente leçon de pédagogie. Mais les grands savants auront beau protester, les petits savants déverseront toujours dans les programmes non seulement ce qu'ils savent eux-mêmes, mais encore ce qu'ils ne savent pas. Nos programmes actuels du simple baccalauréat sont faits par des hommes qui semblent n'avoir jamais connu que des candidats à la licence et à l'agrégation, ou qui ne songent qu'aux cinq ou six premiers élèves des grands lycées de Paris. Quant au reste, à l'immense foule des élèves de province, on dirait qu'ils n'existent pas ou ne comptent pas. L'idéal est : savoir un peu de tout, rien à fond.

On invoque l'utilité pour la profession future. Cette prétendue utilité n'existe presque jamais. Si je veux être herboriste ou pharmacien, c'est plus tard que j'aurai besoin d'apprendre tous ces noms de plantes; ce n'est pas au lycée. Le lycée doit préparer non des apothicaires ou des herboristes, mais des hommes. Et si l'on veut qu'il prépare aussi des savants, ce ne peut être qu'en leur donnant : 1° l'instrument scientifique par excellence, qui est la pratique des mathématiques; 2° la connaissance des grandes méthodes inductives en physique.

Nous ne saurions donc trop approuver cette partie du projet ministériel : « Dans les cours de sciences aux élèves de lettres, supprimer tout ce qui n'est pas d'ordre général ou d'usage pratique; éliminer, en conséquence, les questions et notions spéciales destinées à être oubliées à bref délai par ceux qui ne continuent pas les études scientifiques ». On parle de « simplifier les programmes », il y en a plus d'un qu'il faudrait simplifier en le supprimant, par exemple celui de géologie. Quant aux vraies méthodes d'enseignement scientifique, tous les beaux conseils venus du ministère n'y feront rien. On ne peut pas enseigner philosophiquement les sciences si on n'a pas soi-même l'esprit philosophique. Or, l'ignorance en philosophie de nos professeurs de sciences est ordinairement complète : on leur demande tout, sauf la preuve d'études psychologiques, logiques et morales.

L'esprit philosophique se reconnaît, dans les sciences comme dans les lettres, selon Leibnitz, à ce qu'on recherche en chaque chose ce qu'il y a de plus élevé; *investigandum in unoquoque genere summum*. Là est aussi tout le secret de l'instruction. Mais, pour faire connaître aux autres les sommets des choses, il faut les avoir gravis soi-même.

L'étude exclusive des sciences, sans la philosophie, est dangereuse. La rigueur de la méthode mathématique dispense trop souvent le mathématicien d'avoir lui-même l'esprit rigoureux. Ses formules pensent pour lui et il lui arrive de s'en servir sans réellement penser lui-même. C'est le psittacisme dont parle Leibniz, mais un psittacisme si bien organisé que, dans son domaine propre, il aboutit à faire des mots des instruments de vérité. Par malheur, en dehors de ce domaine, l'automatisme reparaît trop fréquemment, se contentant des formules alors même qu'il n'y a plus au dedans d'idées précises.

On a excellemment remarqué que les méthodes scientifiques, surtout mathématiques, sont des garde-fous, et que les garde-fous, à côté des avantages, ont de graves inconvénients ; ils habituent l'esprit à la distraction, à la précipitation, à la légèreté même, parce qu'on se dit : je ne risque rien. Écoutez un mathématicien raisonner de choses non mathématiques ; neuf fois sur dix vous serez frappé de son incapacité d'attention à plusieurs choses ensemble, de sa faiblesse de raisonnement dès qu'il n'est plus soutenu par des signes dont les combinaisons sont presque mécaniques. Le physicien lui-même a son garde-fou dans ses expériences ; quand il trouve le contraire de ce qu'il attendait, il est bien obligé de reconnaître un résultat qui lui crève les yeux, mais, dès qu'il applique son intelligence à des idées et à des rapports d'idées, il est pris du vertige dont avait déjà parlé Platon ; il ne sait plus induire, comme le mathématicien, tout à l'heure, ne savait plus déduire. En outre, l'habitude des formules amène l'homme de science à croire qu'il a tout expliqué quand il a dit : transformisme, lutte pour la vie, sélection des plus aptes, ontogénèse, phylogénèse, etc. Nous parlons, bien entendu, des savants spécialistes et non des savants d'esprit philosophique. « La science, dit un physicien, M. Duhem, n'a progressé qu'en accumulant des ruines »; les théories les plus en faveur sont tombées dans l'oubli : à chaque instant « la moindre expérience peut les renverser ». Et c'est sur des théories plus ou moins hypothétiques, ajouterons-nous, que vous voudriez appuyer les fondements de l'éducation morale! Qui vous dit que telle théorie à la mode sur l'évolution, sur l'hérédité, sur les espèces, etc., n'ira pas un jour rejoindre la théorie du phlogistique? Et que deviendrait une morale fondée sur le phlogistique?

Défions-nous donc des purs savants, qui sont si portés à la précipitation de jugement dans les choses morales et sociales. Leur enthousiasme pour telles théories scientifiques, dont ils aperçoivent le beau côté à l'exclusion du reste, les entraîne à un véritable fanatisme pratique. Si l'on en croyait les physiologistes, les médecins, les anthropologistes, tout serait réglementé au nom de la médecine ou de l'anthropologie. On ne pourrait même plus procréer sans leur permission, on ne pourrait plus élever que les enfants acceptés par eux; ils prétendraient, d'après la conformation des crânes ou la constatation de telles ou telles *tares*, séquestrer ceux-ci ou laisser libres ceux-là. La justice pénale serait remplacée, comme on l'a demandé, par des discussions de médecins aboutissant à « classer le prévenu dans telle ou telle catégorie anthropologique » et à lui enlever ou laisser la liberté pour des raisons purement médicales. Une société gouvernée par des médecins serait bientôt un enfer, et pourtant la médecine est une des sciences les plus utiles. Ne laissons pas plus le gouvernement des jeunes esprits aux purs hommes de science qu'aux purs lettrés : ils finiraient par tout fausser.

CHAPITRE V

Les vraies règles philosophiques de la pédagogie.

I. — La plus fondamentale erreur du système actuel d'instruction, qui a été l'œuvre d'une foule de spécialistes ramassés de tous côtés, c'est d'étouffer la spontanéité intellectuelle. Le pur *savoir*, surtout quand il porte sur des mots, des faits, des formes et même des œuvres littéraires, tend à ce fâcheux résultat, car il est la substitution de la mémoire et de la passivité à l'effort personnel et à l'exercice actif. On apprend en faisant, dit Aristote : c'est ce qu'oublient tous les éducateurs ou plutôt instructeurs *nouveau style*. Ils croient, nous l'avons vu, façonner des littérateurs en leur apprenant l'histoire de la littérature; en réalité, il n'y a qu'un moyen de devenir littérateur, c'est de *faire* soi-même de la littérature. Une petite narration que l'enfant compose vaut mieux pour lui que toute l'histoire des chansons de gestes. Il importe peu qu'il connaisse les sources et origines de l'éloquence de Cicéron s'il est lui-même capable de faire tant bien que mal un discours. La connaissance de toutes les métriques de tous les peuples de la terre ne vaut pas vingt vers quelconques que l'on a soi-même fabriqués. Les grands poètes, les grands écrivains, surtout ceux de Grèce, qu'on nous donne en modèle, n'étaient pas de grands savants ou érudits. Le meilleur moyen de les prendre pour modèles, c'est d'essayer d'être spontanés comme ils le furent.

Dans le domaine des sciences, le savoir est sans doute nécessaire comme moyen d'aller plus loin par l'invention; mais c'est à la condition que le savoir n'étouffe pas les facultés actives et spontanées, seules créatrices. Les hommes de science qui ont fabriqué les programmes des grandes écoles, et qui ont imposé par cela même leurs programmes aux lycées, ne semblent, au contraire, avoir poursuivi qu'un but : écraser les individualités sous le poids d'une érudition mnémonique et d'une science livresque. Le moindre exercice actif, ici encore, serait supérieur à tout cet emmagasinage.

Qu'une réforme des méthodes soit essentielle, dans toutes les parties de l'enseignement, cela saute aux yeux. Et quel est le vrai critérium pédagogique qu'un philosophe peut établir? C'est le suivant : — Ne faites apprendre aux élèves que ce qu'ils ont besoin de *retenir*, soit au point de vue individuel, soit au point de vue social, *ou ce dont ils retiendront au moins une impression esthétique et morale*. Tout le reste n'est pas seulement inutile, mais nuisible, individuellement et socialement. Dès lors, ce qui ne s'adresse qu'à la mémoire et doit tôt ou tard être oublié, est mauvais par essence. Ne dites pas que, du moins, la mémoire est exercée. Il n'y a pas besoin d'exercer la mémoire : la quantité de choses nécessaires à apprendre est déjà plus que suffisante pour la développer et même pour la fatiguer. D'ailleurs, les psychologues le savent et l'ont démontré, quand la mémoire a atteint un certain degré, elle ne peut plus le dépasser, quelque exercice qu'on lui inflige.

Les règles qui précèdent sont la condamnation absolue : 1° de la plus grande partie de l'étude grammaticale des langues mortes; 2 d'une très notable partie de l'histoire et de la géographie; 3° de l'histoire littéraire; 4° des sciences où la mémoire joue le principal rôle : les trois quarts de la chimie, les neuf dixièmes de la botanique et de la géologie, toute la minéralogie, une bonne partie de la zoologie. Presque tout cela, au point de vue de l'instruction et de l'éducation, est littéralement *bon à rien*, conséquemment nuisible, puisque c'est du temps enlevé qui pourrait être utilement employé pour l'individu et pour la société. Parcourez la plupart des cours classiques, soit d'histoire, soit de géographie, soit de grammaire, soit de littérature, soit de sciences, vous verrez que les trois quarts représentent, comme valeur éducative et même instructive, zéro. Qu'on vous parle d'Ennius et de Pacuvius pour ajouter ensuite la hrase sacramentelle : « De ces auteurs il ne este rien ou à peu près rien », les élèves uront raison de s'écrier (je l'ai entendu moi-nême) : « Oh! les bons auteurs! S'ils nous taient parvenus, on les aurait ajoutés au pro-ramme! » Appliquez le vrai critérium aux récits rdinaires de l'histoire, notamment aux innom-rables batailles dont les noms et les dates far-issent la mémoire des élèves. Est-ce que nos nalheureux enfants seront condamnés à savoir oute leur vie ce qui s'est passé à la bataille de utter en 1625 ou à celle de Breitenfeld en 1631! Et s'il n'est pas nécessaire qu'ils le sachent, etireront-ils du moins de la connaissance de es faits une durable impression, soit littéraire, oit morale? — Si vous êtes sincère, vous recon-naîtrez encore une fois que tout cela est du emps perdu, — un temps précieux, un temps qui fait défaut pour une multitude de choses mportantes dont les siècles à venir vont être forcés de s'occuper.

Prétendra-t-on qu'il y a là du moins une gymnastique intellectuelle? Mais quelle gym-nastique y a-t-il à se remplir la tête de faits, de mots et de dates? Loin d'être hygiénique pour l'esprit, un tel régime le rend malade d'indigestion. Apprenez toute cette philologie, toute cette géographie, toute cette botanique, « cela vous abêtira ». La théorie « gymnastique » a fait son temps; les philosophes savent ce qu'il en faut penser. Les facultés de l'esprit s'exercent tout aussi bien et mieux en s'appliquant à des objets importants, beaux, bons ou utiles, qu'à des objets superflus et à de pures curiosités linguistiques, littéraires, historiques, scientifiques. Même pour le corps, la gymnastique avec agrès ne vaut pas le jeu naturel ou le travail normal en plein air. N'apprendre des sciences, de l'histoire ou des langues que sous prétexte de gymnastique, c'est un leurre. Exercez-vous à des travaux ou à des jeux dont il vous doive rester quelque chose, non à ce qui ne fera que traverser votre mémoire et dont vous la déchargerez le lendemain de l'examen.

Il est une autre considération qu'on néglige trop. Tout ce que l'on fait pour augmenter les programmes en quantité, pour les matérialiser, pour en faire de purs appels à la mémoire, on le fait contre l'Université, on le fait contre l'enseignement de l'État. Car l'enseignement libre et surtout congréganiste est le triomphe de la mémoire, de la préparation artificielle, du questionnaire, du lexique et du manuel, surtout quand il s'agit de « l'enseignement moderne ». Au contraire, tout ce que l'on fait pour la vraie éducation classique, pour la qualité littéraire et surtout philosophique, pour les exercices actifs, pour la réflexion, pour la composition personnelle, pour la dissertation sous toutes ses formes, on le fait au profit de l'Université et au profit de la nation. En même temps on favorise le développement de la vraie littérature, de la haute philosophie, j'ajoute : de la vraie science. Oui, de la science, car celle-ci ne vit pas de mémoire ni d'exercices de perroquet; elle vit d'activité, de réflexion, d'invention, surtout de désintéressement.

Les savants spécialistes n'ont pas le sentiment des véritables intérêts de la science : cela est triste, mais cela est. Et ce sont les Descartes, les Pascal, les d'Alembert, les Auguste Comte qui, savants eux-mêmes, mais aussi philosophes, l'ont constaté, l'ont déploré. Le véritable intérêt de la science, nous venons de le dire, c'est le désintéressement. Considérez les grandes inventions utiles de notre siècle, elles sont dues pour la plupart à la mécanique appliquée; mais celle-ci, d'où dépend-elle? De la mécanique générale, et celle-ci à son tour, d'où a-t-elle dépendu? La réponse peut surprendre : la mécanique est dérivée d'une science éminemment désintéressée et spéculative, l'astronomie. M. Maurice Lévy l'a excellemment démontré en étudiant l'évolution de la science à travers les siècles! C'est de la mécanique *céleste* que Newton et ses successeurs français du XVIIIe siècle ont tiré la mécanique générale, grâce à laquelle a pu se constituer enfin la mécanique industrielle. Le fait que la mécanique « descend du ciel » est bon, dit M. Lévy, à faire connaître aux utilitaires, à ceux qui n'apprécient la science qu'en tant qu'elle peut être d'un profit immédiat. Si la mécanique appliquée est arrivée de nos jours à des résultats si merveilleux, si nous pouvons « calculer à l'avance les organes des machines les plus complexes », c'est parce qu'autrefois les pâtres de la Chaldée et de la Judée ont observé les astres, c'est parce que « Hipparque a réuni leurs observations aux siennes et nous les a transmises » ; c'est parce que « Tycho-Brahé en a fait de plus parfaites », c'est parce que le génie de Képler a su utiliser le traité des sections coniques d'Apollonius de Perga, écrit il y a plus de deux mille ans et regardé pendant des siècles comme une inutilité; c'est parce que, utilisant aussi les observations de Tycho-Brahé, il a pu nous donner « ses sublimes lois, qui, elles-mêmes, auront été jugées bien inutiles par les purs utilitaires »; c'est parce que Descartes et Newton ont trouvé les lois du mécanisme universel et de la gravitation universelle et que de la mécanique céleste est ainsi sortie la mécanique terrestre.

Aussi importe-t-il que l'esprit de spéculation désintéressée subsiste dans la science. Et cet esprit, au fond, est philosophique : tous les grands savants désintéressés étaient de vrais philosophes, épris de l'universel, enthousiasmés des grandes vues sur l'univers et sur le fond des choses. Laissez faire les spécialistes d'une part, les politiciens de l'autre, ils auront bientôt coupé par les racines l'arbre de la science pour en recueillir les fruits immédiatement consommables. Chaque petit professeur d'une science particulière ne voudra voir que son programme spécial et s'efforcera de tout tirer à soi : c'est ainsi que sont nés les ridicules programmes d'aujourd'hui. D'autre part, les utilitaires de la politique demanderont, comme le fait M. Couyba dans son rapport à la Chambre sur les plans d'études, « la destination utilitaire des élèves », sous prétexte de la « poussée démocratique » qui veut que l'on conduise l'écolier « le plus rapidement et le mieux possible à ce but de l'éducation moderne : une situation sociale pour un bon citoyen ». Ils demanderont la suppression des examens généraux, comme le baccalauréat tant décrié, et abandonneront aux spécialistes le soin des examens spéciaux d'entrée. Bref, après avoir fait le plus grand éloge des bienfaits de la science, on prendra toutes les mesures propres à tarir les sources de l'esprit scientifique et à stériliser la culture désintéressée. La science n'a pas de plus dangereux amis que les spécialistes et les utilitaires.

II. — Par réaction contre Renan, Taine et Comte, on a mis en avant la faillite de la science. La seule banqueroute, comme nous l'avons montré ailleurs, est celle de l'ignorance. Une foi qui ne reposerait sur aucune donnée philosophique serait aussi impuissante à tenir ses promesses qu'une banque qui n'émettrait que des papiers sans avoir aucun fonds de valeurs réelles.

Ce qui est vrai, c'est que nos sciences positives, à elles seules, ne sauraient remplacer la philosophie. C'est donc aux idées philosophiques, qui sont aussi des idées morales et sociales, que doit appartenir la direction de l'enseignement.

Les idées ne sont pas seulement des « reflets », elles sont aussi, comme nous l'avons établi mainte fois, des forces qui tendent à se réaliser en se concevant, par cela même à modifier peu à peu et les caractères individuels et les conditions sociales. Avec les sentiments qu'elles enveloppent, les idées font la puissance et la grandeur des individus comme des sociétés. On a eu raison de dire que, si notre société manque d'hommes, c'est qu'elle manque d'idées : « Les individus n'y représentent rien qu'eux-mêmes, et c'est pourquoi ils s'écroulent les uns sur les autres. » Quelles sont les religions qui ont pu agir sans une idée dominante? Quelle morale est efficace sans une conception relative à la valeur et au but de la vie humaine, c'est-à-dire sans une conception philosophique?

Ceux qui veulent se faire éducateurs sans recourir à la philosophie n'ont d'autre ressource que de se faire « professeurs d'énergie ». Ils nous parlent sans cesse de *vouloir* sans nous dire ce qu'il faut vouloir; ils deviennent le pendant de certains professeurs de foi, qui nous disent de croire sans nous dire ce qu'il faut croire; autant vaudrait dire : Croyez sans croire.

La plus vive sensibilité sans les idées est aussi muette, la plus forte volonté, — anglo-saxonne, germanique, latine ou slave, — est aussi impuissante qu'un riche clavier d'orgue sans les doigts qui, en abaissant les touches, ouvrent au souffle des voies déterminées et produisent des harmonies. On a sans doute raison de demander la formation du caractère. Mais ce qui fait le caractère, est-ce seulement la simple « énergie », indépendamment de son point d'application? N'est-ce pas surtout, outre la force de la volonté, la force de la conviction, sans laquelle on ne peut vouloir qu'à vide? Et ces deux forces ne doivent-elles pas réagir l'une sur l'autre? Le seul moyen de donner aux volontés cette fixité, cette unité de direction sans laquelle il n'y a point de caractère véritable, c'est une conviction raisonnée et raisonnable, c'est-à-dire philosophique, sur la valeur, le sens et l'emploi de la vie.

Enfin, le déploiement individuel du caractère n'est qu'une condition préalable de l'action en commun, qui est aujourd'hui l'action la plus efficace. Les forces individuelles, abandonnées à leur libre jeu, ne peuvent se coordonner elles-mêmes qu'avec une extrême lenteur, au prix de frottements et de chocs qui sont « une perte de force vive ». L'énergie *morale* elle-même demeure trop souvent impuissante lorsqu'elle n'est pas astreinte, selon la remarque de M. Boutroux, à un objet précis, à une fin clairement déterminée, qui est une idée régulatrice. C'est cette fin même qui change la volonté en discipline intérieure. Ce n'est donc pas sans raison qu'à ceux qui demandent aujourd'hui des « hommes » on a répondu : — « Des hommes et des idées. »

Puisque la religion, cette philosophie mythique et symbolique, va s'affaiblissant et diminuant d'influence, le devoir des peuples est d'y substituer progressivement le culte rationnel et philosophique des idées. Ceux qui prétendent se passer de la théorie, a dit Royer-Collard, avouent par cela même qu'ils agissent sans savoir ce qu'ils font et parlent sans savoir ce qu'ils disent. C'est un mot d'inspiration profondément française et de vérité humaine. Et n'est-ce pas aussi notre Pascal qui avait dit déjà : « Travaillons à bien penser, voilà le principe de la morale! » Là est en même temps le principe de toute réforme sociale et politique.

LIVRE DEUXIÈME

LA RÉFORME DE L'ENSEIGNEMENT CLASSIQUE ET MODERNE

CHAPITRE I

Objet de l'éducation secondaire. Les études classiques.

L'éducation secondaire doit former *l'homme*, d'abord pour lui-même, puis en vue du milieu social. L'individualité ne se comprend pas plus seule que la société : les deux termes s'impliquent. Quand le milieu social va se modifiant avec une rapidité croissante, l'éducation ne peut pas, dans toutes ses parties, demeurer immuable. Si donc l'on voulait traiter de l'enseignement en philosophe et en sociologue, il faudrait montrer comment et dans quelle mesure les conditions de la vie collective, en se modifiant, modifient l'enseignement lui-même. Ce point de vue *dynamique*, comme dirait Comte, est un peu trop oublié de nos éducateurs, qui s'en tiennent trop exclusivement au point de vue *statique*. Tout pleins de leurs souvenirs de jeunesse, ils ne peuvent imaginer autre chose que ce qui les a jadis eux-mêmes nourris.

Le nouveau milieu social, quoi qu'on fasse, pèse sur l'enseignement. Il y a moins d'un siècle, l'enseignement secondaire s'adressait à vingt mille familles; aujourd'hui, deux cent mille familles y aspirent, soit dix fois plus. Ces familles, n'ayant plus « l'oisiveté honnête et élégante » des riches d'autrefois, veulent un enseignement à la fois libéral et utile pour l'avenir [1]. Elles ne peuvent même pas toujours aller jusqu'au bout de leurs sacrifices pour

1. Voir la déposition que M. Buisson, armé des statistiques recueillies pendant son séjour au Ministère de l'Instruction publique, a faite devant la commission d'enquête parlementaire.

l'instruction de leurs enfants. Voici cent élèves dans les petites classes; en quatrième il n'en restera plus qu'une soixantaine, dans les classes supérieures, encore moins. Les 10 500 candidats du baccalauréat de rhétorique se réduisent, en comptant même les retardataires, à 7 000 candidats à la seconde partie du baccalauréat. En somme, près de 5000 refusés. Dans le baccalauréat moderne, si malheureusement inventé pour augmenter encore un chiffre déjà énorme de bacheliers reçus et de bacheliers manqués, les refusés atteignent la moitié du chiffre total. De là une quantité effrayante de ce qu'on appelle des « non-valeurs ». Certes, cette épithète est exagérée : il reste toujours quelque chose de l'éducation reçue, surtout de l'éducation classique, qui est une *culture* et non un *savoir*. Il n'en est pas moins vrai que l'enseignement doit être organisé de manière à ne pas produire autant de déchets, à laisser aux élèves qui n'ont pas réussi un bagage à la fois honorable et utile. On le voit, les conditions sociales qui s'imposent à l'Université sont profondément modifiées, et il est difficile d'admettre que le type ancien et pur des humanités gréco-latines convienne à toute cette masse d'élèves, dans un pays dont *la population ne s'accroît pas proportionnellement*.

Toutefois, il importe de ne pas sacrifier la partie immuable et vraiment philosophique des humanités, celle qui fait l'*homme*, à la partie changeante que le milieu social impose. « Chaque homme, dit Montaigne, porte en soi la forme entière de l'humaine condition » ; c'est cette forme qu'il faut rendre de plus en plus fidèle et parfaite. Il importe aussi de ne pas sacrifier tout ce qui est nécessaire au maintien de la grande tradition nationale, tout ce qui fait le Français éclairé et distingué. Il ne faut donc innover qu'avec prudence et méthode, en prenant bien garde de ne pas faire périr le vieux tronc au profit des ramifications nouvelles.

D'après les principes qui précèdent, pour apprécier une étude, il ne faut pas seulement la considérer en elle-même, comme le font la plupart de ceux qui s'y livrent spécialement; il faut la considérer dans son rapport avec l'ensemble des études et des objets de connaissance. Or, cet ensemble est en perpétuel accroissement. D'où il suit que l'importance *relative* de certaines études va diminuant de plus en plus, sans qu'on s'en aperçoive; et un beau jour ce qui paraissait jadis de grande importance ne fait plus qu'un effet réduit. C'est alors que retentit de toutes parts le mot : A quoi bon?

A quoi bon, par exemple, faire pâlir un si grand nombre d'élèves sur les déclinaisons et conjugaisons grecques, sur les verbes irréguliers, sur les dialectes? Sans la foi à ce qu'on étudie, il n'y a ni véritable instruction, ni surtout éducation. Les études grecques supposent une certaine foi. Je me souviens que, dans ma jeunesse, je partageais avec les meilleurs élèves de ma classe la foi au grec : c'était une véritable religion. En abordant Platon et Sophocle, nous éprouvions je ne sais quoi d'analogue à ce que sent le croyant qui ouvre les auteurs sacrés. Aujourd'hui, la foi a disparu : pour la plupart, les auteurs grecs ne sont sacrés que parce que personne n'y touche. Ce sont là des modifications aussi inévitables que celles des flores et des faunes selon les climats : il y a dans les sociétés un climat intellectuel qui va changeant, et la rapidité de ce changement s'accélère avec les transformations de la science, de l'industrie ou des arts. Les spécialistes *savent* peut-être plus de grec qu'on n'en a jamais su, mais ce sont des spécialistes; les autres deviennent de plus en plus étrangers à Athènes et à Sparte. Chronologiquement et psychologiquement, nous nous éloignons de l'antiquité avec une vitesse accélérée. Un demi-siècle, aujourd'hui, nous en écarte plus qu'autrefois deux cents ans.

Le grec a la plus haute valeur au point de vue littéraire, mais c'est à la condition qu'on en ait acquis une pratique sérieuse. Or, cette pratique est impossible pour la majorité des élèves de notre époque, avec la surcharge croissante des connaissances qui s'accumulent en faisant la boule de neige. Le latin est déjà une langue classique, le français est déjà une langue classique : la majorité des esprits n'a pas l'absolu besoin, pour apprendre à écrire ou à parler, pour se former l'esprit et le goût, d'une troisième langue classique, très éloignée de la nôtre. La langue mère, étudiée par tous ceux qui reçoivent une éducation libérale, maintiendra la grande tradition française et empêchera notre langue de dévoyer au gré de tous les décadents. En vertu même du principe : « qualité plutôt que quantité », mieux vaut pour les élèves *moyens* une bonne étude de la langue latine qu'une mauvaise étude du grec et du latin tout à la fois.

Les hellénistes (*quorum pars parva fui*) sauront prendre leur parti des inévitables changements qu'amènent le cours des choses et la vie mouvante des sociétés. Descartes se moquait de Christine qui prenait des leçons de grec, et il lui déclarait que, « depuis l'âge de raison », il avait renoncé à perdre son temps. Schiller aimait mieux lire Homère dans la traduction de Voss que dans le texte. Il avait raison, s'il était incapable de lire le texte assez couramment. De nos jours, le grec est manifestement une spécialité, de plus en plus restreinte. Le latin doit subsister dans l'éducation littéraire, mais ne condamnons pas au grec forcé la section scientifique et même toute la section littéraire de nos collèges, si nous ne voulons pas rendre un mauvais service à la littérature même[1].

Pour l'élite, le grec demeure nécessaire, mais à la condition qu'on ne prétende pas encore étourdir les mêmes élèves d'allemand, d'anglais ou de sciences inutiles. Après tout, il y a des limites à la capacité cérébrale des jeunes gens.

Nous approuvons donc, pour notre part, la faculté d'option qu'on propose de laisser, à partir de la seconde, entre la continuation des études grecques et l'approfondissement, soit des études scientifiques, soit des langues modernes. Sur les deux cent mille familles qui demandent aujourd'hui l'instruction secondaire, il est désirable que les unes dirigent leurs

1. Pour notre part, nous préférerions que la composition de version grecque, qu'on projette de demander au baccalauréat, fût facultative et pût, sur la demande des élèves, être remplacée par une dissertation sur la littérature ou sur l'histoire. L'autre composition française, commune à tous, serait un exercice d'imagination et de style, narration, lettre ou discours sur un sujet simple et toujours emprunté aux programmes.

enfants dans le sens des études gréco-latines complètes, d'autres dans le sens des langues modernes, d'autres dans celui des sciences. De là une « trifurcation intérieure » qui n'exclut pas l'unité fondamentale des études littéraires latines et françaises.

Quelques-uns avaient proposé au Conseil supérieur, contrairement au projet du ministère, de faire commencer le grec seulement en troisième, avec une bifurcation à partir de cette classe. Fort heureusement, le projet du ministère, qui fait commencer le grec en cinquième et la bifurcation en seconde, l'a jusqu'ici emporté. Le début du grec en troisième serait une déplorable mesure : elle réaliserait le vœu le plus cher des partisans de l'enseignement moderne, qui est, quoiqu'ils ne veuillent pas toujours l'avouer, la destruction des études classiques au profit de leur utopie. Dans la classe de troisième, il est trop tard pour faire apprendre des formes : l'élève les trouverait rebutantes et ne les accepterait que pour faire des études spéciales « comme apprenti philologue »; ce qu'il ne peut être à cet âge. Commencer le grec en troisième, ce serait à la fois vider en grande partie la section où on l'apprendra, et empêcher les rares élèves qui y entreront de profiter de l'étude des textes, de s'élever au-dessus des études grammaticales proprement dites; ce serait donc gêner pour eux les études littéraires, qui sont précisément de leur âge.

D'ailleurs, le temps ne manque point dans les classes de grammaire pour étudier un peu de grec tout comme un peu de latin. Il est alors trop tôt pour les sciences, sauf pour l'arithmétique et le calcul, qu'il faut fortifier. Les autres sciences ne sont bonnes qu'à charger la mémoire inutilement de choses qui seront bien vite oubliées. Les langues vivantes, avec un personnel suffisant, peuvent déjà être très convenablement apprises. Dans l'enseignement moderne, avec un plus grand nombre d'heures que dans le classique, on n'obtient pas pour les langues vivantes un meilleur résultat : les études latines et grecques assouplissent les intelligences et servent à l'allemand ou à l'anglais mêmes. Il faut donc profiter de ce que les études de langues sont très à la portée des enfants pour faire apprendre à tous quelques éléments de grec, beaucoup de latin et beaucoup de français. Le français, d'ailleurs, profite au plus haut point des exercices de versions et de thèmes; on ne peut guère y ajouter que quelques petites analyses, narrations simples ou lettres très simples, surtout *beaucoup de lectures*, soit à l'étude, soit en classe, où les lectures doivent être expliquées et commentées grammaticalement, littérairement, moralement.

Le projet du ministère sur la faculté d'option à partir de la seconde est celui même que nous avons proposé pour notre part dans nos divers livres sur l'enseignement[1]; si nous y avons parlé de supprimer le grec pour un grand nombre, — ceux surtout qui se préparent aux carrières scientifiques, — il n'en résulte nullement qu'on doive le supprimer entièrement pour les autres. Le grec et le latin n'eussent-ils que l'avantage d'être une barrière élevée devant les médiocrités ou les nullités d'ordre primaire

1. *L'Enseignement au point de vue national* et *Les Études classiques et la démocratie.*

ou d'ordre « moderne », pour les empêcher d'envahir les hautes professions libérales, ce serait encore beaucoup. Mais il y a là plus qu'une barrière artificielle, il y a une méthode naturelle de contrôler la valeur des esprits, tout en développant leurs facultés littéraires. Je dis que cette méthode est naturelle, parce que notre langue et notre littérature procèdent, l'une du latin, l'autre du latin et du grec. Nous restons donc dans le sens de l'histoire en retrempant sans cesse nos lettres françaises à leurs sources antiques. Les lettres forment une des gloires de la France et le principal de ses moyens d'influence actuelle : nous ne devons donc pas nous livrer à des expériences dangereuses pour les études classiques, et cela, pendant que les autres nations les conservent avec soin. Je ne parle pas seulement de l'Allemagne, de plus en plus réaliste, mais de la réaliste Angleterre et de la réaliste Amérique. En Allemagne, les études classiques durent neuf ans et la moyenne des heures de grec est de six par semaine. Ces études gréco-latines, auxquelles se livre, dans le *Gymnasium*, une assez large élite, ne nuisent pas, pour une seconde catégorie, aux études simplement « latines, allemandes, françaises et scientifiques » (*Realgymnasium*), ni, pour une troisième catégorie, aux études « allemandes, scientifiques et françaises sans latin » (*Realschule*). En Allemagne, la formule consacrée est : « Les gymnases classiques doivent former des hommes, tandis que les écoles réelles ont à former des praticiens. »

La version latine ou grecque, l'explication des auteurs latins ou grecs, les exercices de composition en français sur des sujets de littérature, d'histoire, de morale, ne devraient pas constituer une culture « formelle et vide ». Si les maîtres avaient reçu la forte éducation philosophique que nous demandons, les élèves ne sauraient se livrer à tous ces travaux ni entendre les commentaires et critiques du professeur sans remuer des idées, beaucoup d'idées, — les mieux à la portée de la jeunesse, — et sans développer aussi en soi des sentiments élevés de l'ordre moral. En même temps, il est bien clair qu'on exercerait sur le vif toutes les facultés actives de l'esprit : intuition, comparaison, jugement, induction, déduction, analogie, imagination, association des idées et invention. Ne renonçons donc pas, en France, aux bases traditionnelles et universelles des « humanités », qui ont seulement besoin d'être fortifiées au point de vue scientifique et philosophique.

CHAPITRE II

Les sections de l'enseignement secondaire.
Nécessité de la philosophie pour tous.

Pour les purs classiques, l'étude des trois langues grecque, latine et française, est le tout de l'éducation secondaire, parce que, selon eux, cette étude exerce à elle seule toutes les facultés de l'esprit et fournit tous les objets de pensée ou de sentiment à la portée de la jeunesse. Il y a là, selon nous, une exagération. Au lieu de considérer les études littéraires classiques comme le tout, il faut seulement les considérer comme le principal. En effet, parmi les œuvres *sociales* dont l'éducation ne saurait se désintéresser, se trouve aux premiers rangs la science, qui transforme tout autour d'elle. Notre civilisation est *scientifique*, ne l'oublions pas. La science en son esprit, c'est-à-dire dans ses méthodes, ses principes et ses grands résultats, ne peut donc demeurer étrangère à l'éducation du xxe siècle. On doit, pour une certaine catégorie d'élèves, lui accorder une plus grande place. De même, les langues vivantes deviennent nécessaires, d'abord comme instrument de la science même, qui est de plus en plus internationale, puis comme instrument d'échange d'idées entre les nations. On comprend donc que, pour quelques-uns, l'étude du grec soit remplacée, à partir de la seconde, par l'étude des langues vivantes. Enfin, l'affaissement progressif des croyances religieuses et le développement progressif des croyances sociales ou des institutions sociales rend de plus en plus nécessaire d'augmenter, dans les études secondaires, la part de la philosophie, plus particulièrement de la philosophie morale et sociale. Ce qui autrefois, dans la philosophie, pouvait sembler matière d'enseignement supérieur, devient de plus en plus matière d'enseignement secondaire, parce que la relation des études philosophiques au milieu social se fait de plus en plus étroite. De là la nécessité de couronner l'enseignement, pour les élèves de toutes les sections, par une année de philosophie sérieuse.

Dans la section des langues vivantes, s'il est possible de la créer, il importera, à notre avis, de maintenir le caractère très littéraire des études et d'y exiger une connaissance sérieuse du latin. Les langues vivantes, ici, doivent uniquement se substituer au grec à partir de la seconde et laisser intactes toutes les autres études littéraires.

Dans la section des sciences, il faudra insister sur les études fondamentales, exiger beaucoup moins comme quantité et beaucoup plus comme qualité.

Enfin, pourquoi ne pas appliquer à la classe de philosophie le système de bifurcation que l'on applique aux classes précédentes? Aujourd'hui, les élèves de mathématiques élémentaires ne suivent qu'un petit cours de philosophie abrégé et très rudimentaire, qui n'a d'autre sanction au baccalauréat qu'une interrogation superficielle et sans importance. Il en résulte que les élèves de sciences demeurent réellement étrangers à toutes les hautes questions de philosophie et de morale.

Les jeunes gens qui se destinent aux carrières scientifiques ou aux grandes Écoles du gouvernement ont cependant besoin, plus encore que les autres, de bonnes études philosophiques. La philosophie est le complément et, en même temps, le correctif nécessaire de la science positive, parce qu'elle marque les bornes des sciences physiques et naturelles et que, de plus, elle ouvre l'horizon des sciences morales et sociales. La philosophie est, en outre, de toutes les études, la plus propre à entretenir l'esprit nécessaire aux démocraties, et à contrebalancer l'esprit de réaction. Des études sérieuses de philosophie doivent donc être obligatoires pour *tous* les élèves, quels qu'ils soient, et tous les baccalauréats doivent comporter, parmi les épreuves écrites, une dissertation de philosophie.

D'autre part, les élèves de lettres et de philosophie ont besoin de recevoir une instruction scientifique très sérieuse, complète *dans ses bases*, je ne dis pas dans ses détails ou dans ses applications. Pour satisfaire à ce double besoin, il suffit d'appliquer à l'année de philosophie le même système que nous proposons d'appliquer à la seconde et à la rhétorique. Le moyen le plus pratique, — que nous préconisons depuis longtemps, — serait de réunir, certains jours, les deux classes de philosophie et de mathématiques. On donnerait en commun quatre à six heures de philosophie et quatre à six heures de sciences. A chaque section particulière on donnerait en plus des classes particulières, soit de philosophie, soit de sciences, selon le cas.

Le cours de philosophie commun à tous comprendrait : 1° les notions les plus fondamentales de la psychologie : sensibilité, intelligence, volonté, rapport du physique et du moral ; 2° la morale et principalement la morale sociale : devoirs et droits (individu, famille, État, gouvernement, propriété), etc. ; 3° des notions de philosophie générale : critique de la connaissance, philosophie de la nature, philosophie de l'esprit. On réserverait pour les élèves de la section littéraire l'étude de quelques questions de psychologie appliquée, d'esthétique, de logique spéciale, enfin d'histoire de la philosophie.

Le baccalauréat de *philosophie et lettres* et le baccalauréat de *philosophie et sciences* comprendraient tous les deux une dissertation philosophique. Il n'est inutile à aucun élève de savoir écrire en français et traiter méthodiquement une question. Mais il importe, encore une fois, que les élèves de mathématiques soient préparés à la dissertation par un cours plus sérieux que celui qu'on leur donne aujourd'hui. Si, par l'établissement des sections, l'enseignement scientifique est déjà fortifié pour les élèves de sciences en seconde et en rhétorique, on pourra aisément exiger d'eux une étude moins rudimentaire de la philosophie. De plus, nous voudrions que le baccalauréat de philosophie et lettres comportât une composition de mathématiques obligatoire, les mathématiques étant la base de toute éducation scientifique. On élaguerait le plus possible dans le reste des sciences.

Ainsi serait obtenue, avec une certaine

variété dans l'enseignement, cette unité d'esprit qui est plus que jamais nécessaire en France, et qui, dans la pratique, favoriserait une même direction libérale. Car la philosophie est et fut toujours, comme dit Montaigne, le grand moyen de « libéraliser les intelligences ». Ce ne sont pas les sciences, à elles seules, ni même l'étude du latin et de notre littérature classique qui peuvent faire des esprits libres; cette tâche incombe surtout à la philosophie, qui n'y a jamais manqué.

CHAPITRE III

L'enseignement moderne. L'égalité des sanctions serait un privilège.

I. — L'élite intellectuelle d'une démocratie doit se subdiviser en deux parties : l'une, la plus élevée, qui se porte vers les carrières libérales, l'autre qui se porte vers les carrières industrielles, commerciales, agricoles et coloniales, carrières non moins nécessaires, mais, par définition même, plus matérielles.

Ce principe posé, il est clair que chaque partie de l'élite intellectuelle doit avoir sa préparation spéciale, appropriée au but particulier qu'elle poursuit. Un même enseignement ne peut, tout ensemble, être la meilleure culture en vue du droit, de la médecine, du professorat, et la meilleure culture en vue du commerce, de l'agriculture, de l'industrie, de la colonisation. Cette prétention est précisément, à mes yeux, ce qui constitue dans l'enseignement moderne actuel le manque fondamental de sincérité.

L'enseignement secondaire moderne, dit avec raison le projet ministériel, ne doit plus se proposer pour fin la culture littéraire ni être considéré comme le rival de l'enseignement classique. Il ne doit plus constituer « un double emploi », il doit être « lui-même ». C'est ce qu'ont demandé la plupart de ceux qui ont donné sur ce point leur avis. L'enseignement moderne, en effet, n'a de sens que s'il répond aux besoins économiques du pays et constitue, non pas une éducation professionnelle déjà déterminée et spécialisée, mais « une préparation très haute et très large aux carrières agricoles, commerciales, industrielles et coloniales ». A cette fin, sans en exclure les idées générales qui sont le propre des études secondaires, il convient de préciser son orientation et de lui donner « un caractère nettement scientifique et pratique ». Les sciences mathématiques, physiques, chimiques, naturelles, y doivent être enseignées non pas tant au point de vue théorique qu'au point de vue des applications ultérieures, sans se perdre pour cela dans le technique. Avec les sciences, l'étude des langues vivantes y doit être largement développée dans le sens pratique. On renoncera donc résolument, comme le dit le Projet ministériel, « à faire de l'enseignement des langues, à l'imitation de l'enseignement gréco-latin, soit une gymnastique intellectuelle, soit un moyen de culture littéraire ». Enfin, la durée du cours d'études de l'enseignement secondaire moderne doit être sensiblement diminuée, de manière à retenir le moins longtemps possible « les jeunes gens dont l'agriculture, le commerce, l'industrie et les colonies sollicitent de bonne heure l'activité ». Les vrais amis de l'enseignement moderne ne sont pas ceux qui veulent continuer d'en faire la contrefaçon du classique, mais ceux qui veulent lui donner enfin une valeur propre et originale.

Malheureusement, cette excellente déclaration de principes risque d'aboutir, dans la pratique, à la négation d'elle-même. D'abord, pour retenir le moins possible les jeunes gens dans les lycées et collèges, ne vaudrait-il pas mieux ne pas établir deux cycles formant *six ans*? Le souci du parallélisme avec l'enseignement classique semble ici se révéler. Les élèves modernes voudront arriver, comme les classiques, à quelque baccalauréat dans le même nombre d'années et après des cycles d'études similaires. Si on laisse subsister ce baccalauréat, l'enseignement moderne n'est plus vraiment « lui-même »; il ne renonce plus à faire « double emploi » avec le classique : il veut continuer comme lui de préparer aux grandes écoles et aux places du gouvernement, en laissant là le commerce, l'industrie, les colonies.

En outre, on a proposé d'ouvrir aux modernes l'accès des mathématiques élémentaires classiques et de philosophie classique; on voudrait ainsi leur permettre, sans qu'ils aient passé par les mêmes études littéraires, latines et françaises (ou grecques), d'aspirer aux mêmes diplômes que les autres. Ces diplômes, soyez certains qu'ils ouvriraient tôt ou tard toutes les carrières, y compris la médecine et le droit. Donc, en définitive, on voudrait faire admettre dans les écoles de médecine et de droit des élèves dont la culture sera nécessairement inférieure en son ensemble, puisqu'elle aura été dirigée dans un sens plus réaliste. Vous aurez beau y joindre une année de mathématiques élémentaires commune avec les classiques, en quoi l'étude commune des mathématiques changera-t-elle l'esprit et la culture des « modernes »? Une année de philosophie classique serait sans doute, pour ceux qui suivront cette voie, beaucoup plus efficace, mais l'éducation littéraire antérieure n'aurait toujours point été la même et ne pourra produire à la fin le même résultat.

On réclame l'égalité de sanctions entre les classiques et les modernes. — La justice est dans l'égalité sans doute, mais dans l'égalité vraie. Celle-ci consiste à *traiter également les égaux et inégalement les inégaux*. Toute atteinte à cette règle d'or est un privilège en faveur des uns aux dépens des autres; c'est une inégalité et une *iniquité*.

Or, c'est précisément ce privilège que, sous le nom trompeur d'égalité des sanctions, réclament indûment les partisans de l'enseignement moderne conçu comme imitateur et rival du classique. Voici un enseignement nouveau qui n'a pas encore fait ses preuves, auquel on attribue théoriquement toutes les vertus éducatives, toutes les équivalences avec un enseignement éprouvé depuis des siècles dans tous les pays civilisés; en d'autres termes, à côté de la réalité connue, voici l'idéologie de l'inconnu, et vous voulez niveler les deux! Privilège.

Voici des études qui durent six années seulement, tandis que les études classiques durent sept années; et vous leur ouvrez l'accès de l'École polytechnique, de l'École normale, de l'École de Saint-Cyr; ce n'est pas encore assez, vous voulez leur ouvrir la médecine, le droit, les lettres, le professorat. Vous appelez cela égalité; je dis que c'est, au profit de ceux qui ont choisi la voie la plus courte, un privilège.

Voici des études plus faciles en leur ensemble, dont le niveau littéraire est nécessairement moins élevé, puisqu'elles ont la prétention de préparer en même temps aux carrières industrielles, commerciales, agricoles et coloniales. L'enseignement moderne est le maître Jacques qui se dit à la fois le serviteur de l'industrie, du commerce, de l'agriculture, des colonies, et aussi, sans même changer de tablier, le serviteur des professions libérales, du droit, de la médecine, de l'École normale et de l'École polytechnique. Vous voulez que les élèves classiques, qui ont eu la bonne volonté de choisir les études les plus difficiles et les plus hautes, voient cependant mis au même rang leurs concurrents à bon marché. Privilège.

Voici un enseignement plus terre à terre, qui, par essence et destination, doit être plus utilitaire que l'autre, puisqu'il affecte, comme nous venons de le voir, de préparer plus particulièrement aux carrières dites utiles (comme si les autres ne l'étaient pas!); et vous voulez, sur le terrain même des professions libérales, l'égaler à l'enseignement le plus libéral, le plus désintéressé, le plus en harmonie avec ces professions! Privilège.

Les études classiques sont un enseignement à la fois éminemment national et éminemment international; national, puisqu'il conserve les hautes traditions d'une langue néo-latine et d'une littérature nourrie aux lettres antiques; international, puisqu'il établit l'harmonie de l'élite française avec les élites de tous les autres pays. Vous voulez, vous Français, compromettre cet enseignement universel des humanités latines, qui est pour les étrangers la naturelle préparation et invitation à l'étude du français; vous voulez sacrifier l'enseignement le plus propre à entretenir la diffusion de notre langue et le prestige de notre littérature, en lui égalant un enseignement mi-scientifique, mi-littéraire, mi-théorique, mi-pratique! Privilège.

Voici des études qui, trahissant le but même qu'elles avaient mis en avant, veulent aujourd'hui favoriser le fonctionnarisme, en ouvrant des accès plus faciles à une foule plus nombreuse vers le droit déjà encombré, vers la médecine déjà encombrée, vers les grandes écoles déjà encombrées. Vous voulez favoriser cette ambition fâcheuse pour le pays, fâcheuse pour l'enseignement moderne lui-même, en lui accordant, à moins de frais, les mêmes récompenses qu'aux humanités classiques! Privilège.

Voici un enseignement que peut donner la première école congréganiste venue. Tous les maîtres, fussent-ils ignorantissimes, seront transformés en professeurs par la magie d'un diplôme de baccalauréat obtenu par un seul d'entre eux. Étonnante reversibilité des mérites! Et vous égalez un tel enseignement à celui que donnent nos maîtres éminents de l'Université, nos licenciés, nos agrégés, nos docteurs, nos élèves de l'École normale, tous préparés par les plus longues études et les plus difficiles concours; à nos professeurs de lettres, de sciences, de philosophie, vous voulez donner comme rivaux les Frères de la doctrine chrétienne. Privilège.

Voici un enseignement qui, comme on le voit, tend à détourner de sa vraie direction l'enseignement primaire lui-même, en excitant les écoles primaires à se changer en boutiques pour préparer les néo-bacheliers sans latin ; cet enseignement devient ainsi le perturbateur du primaire comme du secondaire et du supérieur. N'importe! Vous voulez favoriser ses empiétements et ses incursions tout en invoquant l'égalité. Privilège.

En un mot, voici un enseignement plus mnémotechnique, plus mécanique, plus voisin du simple « bourrage », plus à la portée des médiocrités et donné par des maîtres plus médiocres en moyenne, un enseignement que M. Jaurès compara naguère à la mauvaise monnaie qui chasserait nécessairement la bonne. Vous voulez donner cours à cette monnaie et la mettre sur le même pied que l'autre! Privilège[1].

1. M. Darlu a dit devant la Commission d'enquête parlementaire : « J'ai été membre du jury de l'inspection primaire. Ce concours est l'examen de l'ordre primaire le plus élevé. Il s'y présente des jeunes gens qui sont sortis de l'école de Saint-Cloud, qui ont derrière eux sept, huit ou dix ans d'études de français, d'histoire, de sciences, de langues vivantes, qui ont reçu certainement une culture supérieure à celle des élèves de l'enseignement moderne. Eh bien, j'ai été très surpris de la médiocrité du niveau de cet examen, pour la composition française et pédagogique. Je crois que les inspecteurs généraux de l'enseignement primaire, avec qui j'ai corrigé les copies des candidats, confirmeraient mon témoignage. Il y a une différence

Si vous croyez que l'enseignement moderne *vaudra* le classique, au point de vue des humanités, dites-le franchement et, du même coup, proclamez l'entière inutilité des études littéraires latines et même des hautes études littéraires en général. Dites : une éducation d'ordre *primaire supérieur*, jointe à une instruction scientifique détaillée et pratique, voilà qui suffit. A ce compte, inutile de faire des versions latines et des explications latines, inutile de faire de nombreuses compositions françaises et de développer le sens littéraire. Pourvu qu'on sache faire à peu près correctement une rédaction, une lettre, une petite narration, c'est assez : le reste appartiendra aux langues vivantes et aux sciences « enseignées, comme dit le Projet ministériel, non pas tant au point de vue théorique qu'au point

immense entre la culture de ces jeunes gens, des meilleurs d'entre eux, et celle des candidats aux agrégations de l'enseignement classique... J'ai connu les professeurs de l'enseignement spécial ; beaucoup d'entre eux avaient conquis le titre d'agrégé ; ils avaient reçu une culture prolongée assez intense. Eh bien, tout le monde reconnaissait qu'ils n'avaient pas les mêmes qualités d'esprit que les agrégés de l'enseignement classique. »

de vue des applications ». De telles conséquences seraient l'abandon des principes dont nous avons vu plus haut une si excellente exposition.

Remarquons que nous aurons déjà, du côté des études classiques, trois baccalauréats :

1° *Latin et grec;*

2° *Latin et sciences;*

3° *Latin et langues vivantes.*

N'est-ce donc pas assez? Faut-il y joindre encore deux autres baccalauréats :

4° *Français et sciences* surtout pratiques;

5° *Français et sciences pratiques*, plus *philosophie?*

Si une telle organisation, rejetée par le Conseil supérieur, arrivait à prévaloir devant le Parlement, l'enseignement moderne aurait sur le classique l'avantage d'offrir deux chances, l'une du côté des applications pratiques, l'autre du côté de toutes les professions et fonctions libérales. Dès lors, une foule de parents se diraient : — Essayons d'abord du pratique, qui sera plus facile et plus utile, puis, si nous ne réussissons pas de ce côté, nous aboutirons, par une voie également plus plane, sans avoir à gravir les hautes côtes du latin, du grec ou des sciences désintéressées, au même résultat que nos voisins ingénus de l'enseignement classique. — Il en résulterait une concurrence croissante à l'enseignement classique, et cela, sans même le prétexte de cette doublure littéraire qu'offre aujourd'hui l'enseignement moderne. C'est l'absolue contradiction dans les termes. Principe : l'enseignement moderne sera tout à fait orienté d'une autre manière que le classique, vers la pratique et les professions industrielles; conséquence : avec des études durant un an de moins, il aboutira cependant à une foule de carrières jadis réservées à l'enseignement classique, et enfin, avec un dernier petit coup de collier d'un an, il mènera, tout comme le classique, aux Facultés de lettres, de droit et de médecine. — C'est la part du lion pour ceux qui auront fait le moins d'efforts.

Les grandes écoles du Gouvernement, elles, pourront toujours, dans une large mesure, se défendre elles-mêmes contre l'invasion excessive des médiocrités; elles n'ont qu'à hausser le niveau des examens, à faire une sélection plus intelligente qu'aujourd'hui, à ne prendre, selon l'expression vulgaire, que le dessus du panier. Les examens d'entrée y sont, en réalité, des concours : il ne s'agit pas seulement, pour les candidats, d'arriver à bien subir une série d'épreuves ; il s'agit de dépasser les autres dans ces mêmes épreuves. C'est là un point capital. Au contraire, voyez les Facultés de droit, de médecine, de lettres! Tout le monde peut s'inscrire sous certaines conditions communes : le nombre des diplômes de médecins, d'avocats, des diplômes de lettres, n'est pas limité; il y a là de simples *examens*, non des *concours* en vue d'un petit nombre de places à conquérir pour les meilleurs. On oublie continuellement cette distinction : elle est pourtant essentielle. Or, oui ou non, est-il urgent de défendre la médecine, le droit, les lettres, les sciences mêmes, enfin l'enseignement des sciences et des lettres, contre l'invasion des médiocres et même des indignes? Nous avons là des fonctions ou *missions* d'ordre général, ayant une valeur sociale et non plus seulement individuelle; il importe à tous, à vous comme à moi, il importe à la nation entière que les magistrats et avocats, que les médecins, que les professeurs constituent une véritable élite, capable de vues désintéressées, générales, nationales, non pas seulement de vues personnelles et étroitement professionnelles. L'État doit donc exiger de tous les candidats, quelle que soit leur provenance, des conditions aussi sévères qu'il est possible, de manière, sans doute, à ne pas entraver le recrutement, mais aussi à ne pas laisser toutes les portes du temple ouvertes à tous les vendeurs, d'où qu'ils viennent. Ceux-ci n'auraient souci que de faire leur chemin, d'avoir une bonne clientèle, de plaider beaucoup de causes, d'entreprendre de coûteuses opérations chirurgicales, d'enterrer beaucoup de malades et, en définitive, de faire fortune. Ne livrez pas les carrières libérales à la lutte des médiocres pour la vie *per fas et nefas*.

On met sans cesse en avant, par un individualisme outré et mal entendu, le droit des individus : « N'ai-je pas le droit d'être médecin, d'être avocat? » — Sans doute, mais pas à mes dépens, ni à ceux de ma femme et de mes enfants. Et vous l'êtes à mes dépens si vous trouvez moyen de conquérir à bon marché un diplôme qui vous permettra de me soigner ou de soigner les miens à contresens, de me faire perdre une cause juste, de mal élever mes enfants, de me causer d'autres torts de toutes sortes. Avec ce système du « droit à être médecin », le Conseil général du Cantal, dans sa délibération légendaire, aurait eu raison, « au nom de la démocratie », de demander pour les élèves des écoles primaires l'accès des Facultés : qui vous dit qu'il ne s'en trouverait pas d'aussi adroits que les autres à couper démocratiquement une jambe ou même à soigner une fièvre typhoïde?

C'est enfoncer une porte ouverte que de répondre : « on peut être honnête sans talent » ; un « simple primaire » peut être honnête, un « ouvrier à peine dégrossi » peut être honnête. Pour être fidèles à leur manière de raisonner, les professeurs de l'enseignement moderne devraient trouver bon, eux aussi, qu'on ouvre les Facultés de médecine et de droit aux « primaires » et aux « ouvriers à peine dégrossis ». Sinon, on pourra les accuser, eux aussi, de mettre en doute l' « honnêteté » des primaires et des ouvriers sans instruction.

— Mais il y a des individus méritants et exceptionnels qui méritent d'arriver. — Je réponds que les droits et intérêts de ces individus *exceptionnellement* doués sont déjà sauvegardés, dans le système actuel, par les *dispenses* dont les Facultés disposent et dont elles font un grand usage. Les partisans de l'enseignement moderne ont bien soin de rester muets sur ce chapitre des dispenses, qui permet à tout bachelier moderne de talent et de vraie vocation d'arriver, avec quelques efforts peu considérables, au même résultat que les autres. Non, ce que veulent les patrons de l'enseignement moderne, c'est, nous venons de le dire, l'éternel « droit de l'individu », le droit à être médecin, par exemple, comme si le médecin était tout seul et comme s'il n'y avait pas aussi le malade, qui a bien lui-même quelques droits.

Le seul remède à une liberté voisine de la licence et à une concurrence illimitée, où serat-il? Le Parlement voudra le chercher dans une forme quelconque de despotisme de l'État, dans une proscription quelconque ou dans un rétablissement de monopole. Si bien que, pour réparer une mauvaise conception de la liberté, on aura recours à une mauvaise conception de l'autorité. Nous voyons déjà poindre à l'horizon les phénomènes avant-coureurs. Les mêmes Chambres de députés ont favorisé à la fois la déviation de l'enseignement moderne et la chute de l'enseignement classique, c'est-à-dire, au fond, de l'enseignement universitaire, qui, sur le terrain classique, ne pouvait rencontrer qu'une rivalité très limitée, tandis que, sur le terrain moderne, il rencontre une rivalité universelle. Par là les Chambres de députés se sont condamnées à l'intolérance comme remède ultime de leurs propres fautes.

Mieux vaut prévenir que guérir, et surtout que guérir en amputant. Tout corps sain ne subsiste que par l'équilibre de ses fonctions. Notre société française ne peut demeurer saine si on favorise un afflux artificiel de sang dans certaines fonctions aux dépens des autres. Il faut donc que les séductions attachées aux carrières libérales, surtout au droit, à la médecine et au professorat, soient compensées par des difficultés d'accès qui rétablissent l'équilibre de la répartition. Déjà le goût du fonctionnarisme est si développé qu'il sévit dans tous les rangs de la société. Tel fils de métayer, au lieu de continuer le métier paternel, demande à être facteur des postes ou employé de chemin de fer. « Est-ce, a-t-on demandé avec raison, la faute de l'enseignement classique[1]? » Il n'est pas d'emploi administratif, si modeste qu'il soit, qui ne soit postulé par des centaines, des milliers de candidats, presque tous primaires. Est-ce encore la faute de l'enseignement classique? Mais, si vous rabaissez l'ensemble de l'enseignement secondaire, si vous conservez l'enseignement moderne dans ses parties supérieures, si vous lui laissez une orientation littéraire et une possibilité quelconque d'équivalence finale avec le classique, si vous égalisez

1. Voir le rapport de M. Brelet sur l'enseignement classique, adressé au Parlement par la *Société pour l'instruction secondaire*.

de plus en plus les sanctions, si vous continuez, en un mot, la série de fatales méprises où l'on nous a lancés depuis onze ans, qui faudra-t-il accuser, sinon l'enseignement moderne?

Il est manifeste que l'ambition des modernes du côté de la médecine, du droit, du professorat, du fonctionnarisme, est fondée exclusivement sur le désir d'attirer la clientèle vers la voie la plus facile. Je doute que les grands intérêts intellectuels et moraux du pays y jouent un rôle; on me pardonnera donc de ne pas m'associer à des visées qui rappellent trop celles du négoce. Si on répond que l'enseignement classique, lui aussi, veut vivre, je répondrai qu'il a raison de vouloir vivre là où il est à sa place, sous la forme la meilleure et la plus utile au pays, tandis que l'enseignement moderne, aujourd'hui mal conçu et érigé en doublure du classique, a tort de vouloir vivre d'usurpations, d'empiétements et de contrefaçons. Si l'on porte la discussion sur le terrain de la morale, je dirai qu'il y a là, dans cette avidité à conquérir toutes les places par le chemin le plus aisé et le plus court, au détriment des voisins plus consciencieux et des études plus approfondies, une inconsciente immoralité. C'est le sentiment de cette injustice, — ce n'est pas l'amour du grec ou du latin, indifférents par eux-mêmes au philosophe, — qui m'a fait depuis longtemps prendre parti contre l'insatiable avidité de l'enseignement spécial modernisé et singeant le classique pour la conquête des professions libérales.

De là à me faire dire qu'un individu « ne peut être honnête sans latin », il y a quelque distance; mais ce qui est vrai, c'est que la politique adoptée par les partisans de l'enseignement moderne actuel pour le faire réussir aux dépens des classiques et dépouiller ces derniers me semble, comme beaucoup d'autres politiques, d'une rectitude douteuse. Conserver un domaine qui vous appartient, après avoir fait courageusement toutes les études nécessaires pour le faire valoir, ce n'est nullement un « privilège », c'est un *droit*; mais vouloir empiéter sur le domaine des autres, n'est-ce point plus qu'un « privilège »?

Pour produire dans l'enseignement moderne cette merveille de compétence universelle, il suffirait donc de supprimer les études latines et grecques? Miracle à bon marché. De notre temps, nous ne croyons plus aux miracles, et quand, sur la place publique, on nous propose un remède bon à la fois pour tous les maux, nous soupçonnons, sous cette magie, quelque charlatanisme.

Je conclus que l'enseignement classique et l'enseignement moderne doivent rester chacun dans leur sphère, où ils sont utiles, au lieu de pratiquer chez le voisin des incursions qui sont des injustices.

Les invasions successives de l'enseignement moderne n'ont pas été l'œuvre de l'Université, qui, au contraire, les a subies en protestant. Ce sont les divers ministres sortis du Parlement qui, pour des buts politiques déplorablement conçus, ont, les uns créé l'enseignement moderne humaniste, au lieu de perfectionner l'enseignement spécial, les autres favorisé ses empiétements dans toutes les carrières. Tel jour le ministre de la Guerre, *sans consulter l'Université*, ouvrait telles et telles portes aux élèves « modernes »; tel autre jour le ministre de l'Intérieur, tel autre jour le ministre des Finances ouvrait à deux battants des portes nouvelles, toujours *sans consulter l'Université*. Et c'est l'Université qu'on accuse aujourd'hui de toutes les fautes commises sans elle et contre elle! Les nouveaux venus qui arrivent au pouvoir ne lui demandent même pas son avis quand il s'agit du programme des écoles de leur ressort. Injustice flagrante, car l'Université est ensuite obligée de modifier elle-même ses programmes pour les adapter aux exigences nouvelles; les incompétents exercent donc à l'égard de l'Université une pression qui est du pur despotisme. Le plus triste, encore une fois, c'est que l'Université est toujours à la fin rendue responsable de ce qu'elle n'a pas fait ou de ce qu'on l'a contrainte à faire. Il y a là une iniquité que le Parlement doit enfin réparer. Aucun programme, quel qu'il soit, *ne doit être établi par aucun ministère qu'après entente avec le Conseil supérieur de l'Instruction publique*, où d'ailleurs devraient se trouver un représentant de la Guerre, un de la Marine, un de l'Industrie, un du Commerce, un de l'Agriculture, un des Colonies, etc.

II. — Le rapport général présenté au nom de la commission d'enquête parlementaire par M. Couyba conclut à égaliser l'enseignement classique et l'enseignement moderne, en réduisant le premier d'un an et en le décapitant ainsi de la classe de philosophie, la plus importante de toutes, la plus libérale et la plus propre à former des esprits libres. Dans ce rapport, dont le ministère, par bonheur, n'a pas suivi les étonnantes conclusions, on trouve de fréquents appels à l'exemple de l'Allemagne, qui, selon l'auteur, aurait établi l'égalité entre l'enseignement classique et ce que nous appelons en France l'enseignement moderne. « Tout récemment, dit-il à la page 44, l'empereur est intervenu officiellement pour que l'égalité de sanction soit un fait consacré. L'Allemagne a donc résolu la difficulté née de la coexistence de deux enseignements différents de programmes et de méthode par la reconnaissance pure et simple de l'égalité des sanctions. » Malheureusement, ou heureusement, cette affirmation catégorique, destinée sans doute à influencer nos législateurs, se trouve être inexacte.

En premier lieu, la réforme à laquelle le rapport fait allusion ne s'applique qu'à la Prusse seule. Grâce au remarquable mouvement de protestation dont le *Gymnasium Verein* a pris l'initiative et qui a réuni contre la réduction des études classiques plus de 14 000 signatures dans toutes les hautes classes de la société, la réforme reste, même en Prusse, très incomplète. Elle avait été repoussée en Prusse par le Landtag et par la Chambre des seigneurs; elle l'a été, dans l'Allemagne du Sud, par tous les gouvernements et par l'opinion.

En Allemagne, tout enseignement secondaire complet, aussi bien à l'école réale supérieure ou au gymnase réal qu'au gymnase classique, dure neuf ans et se termine entre dix-huit et vingt ans, un ou deux ans plus tard que chez nous. Ce qui, on vient de le voir, n'a pas empêché nos commissions parlementaires de l'enseignement de trouver les études classiques encore trop longues et d'en proposer la réduction à six ans pour les ramener à la taille de l'enseignement moderne, Benjamin de beaucoup d'hommes politiques. En Allemagne, dans le gymnase classique avec grec et dans le gymnase scientifique avec latin sans grec, les études latines ne durent pas moins de neuf ans. Quant au « gymnase de réforme », il est la simple imitation de la réforme opérée chez nous en 1880, qui a reporté le début des études latines de la huitième à la sixième. L'étude du latin y doit encore durer six ans.

En second lieu, il ne s'agit nullement, dans la réforme prussienne, de faire commencer les langues anciennes en troisième ou en quatrième, comme le propose M. Couyba au nom de la commission, mais de les faire commencer en sixième et de leur donner seulement six ans au lieu de neuf qu'elles avaient, c'est-à-dire d'en venir au système qui est le nôtre depuis 1880.

Quant à l'égalité des sanctions entre le Gymnase, le Réalgymnase et l'École réale supérieure, elle a été mise à l'étude, pour la Prusse toujours, par un rescrit impérial; mais elle consiste simplement en ceci que les élèves sortant des trois enseignements peuvent suivre les cours des Universités. Il reste que, pour établir les diplômes d'État donnant accès aux carrières des lettres, de la théologie, de la médecine et du droit, ceux qui viennent de l'École réale et du Réalgymnase devront toujours *suivre les cours complémentaires de latin et de grec.*

Maintenant, tenez compte de la différence du système allemand, qui exige des diplômes d'État spéciaux pour l'entrée dans les carrières, et du nôtre, où les grades universitaires en tiennent lieu, vous reconnaîtrez que le système proposé récemment en Prusse par le rescrit impérial est précisément l'analogue de notre régime français actuel. Chez nous, déjà, le bachelier moderne, pour obtenir son diplôme classique, n'a qu'à subir les épreuves du baccalauréat classique qui ne figurent pas dans le baccalauréat moderne. C'est, en France, l'égalité des sanctions au profit de ceux qui, se trouvant bien doués pour les études classiques, se sont au début trompés de voie. Il n'y a là, semble-t-il, rien de ce qu'indique le rapport de M. Couyba, qui répète, page 84 : « L'égalité de sanction pour le classique et le moderne (réal) est un *fait accompli en Allemagne.* » Il n'était point sans intérêt d'éclairer sur ce point la religion de nos députés.

On a vu en outre que, dès à présent, les élèves de l'enseignement moderne peuvent obtenir chez nous des *dispenses* qui leur permettent de suivre les cours de lettres, de médecine et de jurisprudence; mais ce sont, fort heureusement, de simples *dispenses*, qui permettent de ne pas laisser envahir les universités par une foule nouvelle, de plus en plus nombreuse et de moins en moins élevée; ce ne sont pas des *droits*, comme ceux que réclament abusivement les partisans de l'enseignement moderne en France.

Au reste, le même rapporteur de la commission parlementaire est tout le premier à nous montrer combien sont peu probantes les comparaisons entre la France et l'Allemagne. « L'exemple de l'Allemagne, dit-il ailleurs, avec ses Gymnases, ses Réalgymnases, ses Écoles réales, établissements séparés et autonomes, ne doit pas être cité en l'espèce. On oublie que l'enseignement secondaire allemand est sous le régime du monopole d'État. » Chez nous, « avec le régime de la liberté », on doit raisonner différemment. « L'abstraction a fait oublier la réalité » (p. 101). On ne saurait mieux dire. Et si l'État allemand, grâce à son monopole, peut se permettre un jour des abaissements de programmes, des facilités d'études, des équivalences de diplômes (qu'en fait il ne se permet même pas), il restera toujours maître de la situation; il n'aura pas à redouter d'avoir ainsi ouvert une concurrence pour lui ruineuse, ruineuse aussi pour les bonnes études; il est dès aujourd'hui en possession de tous les moyens de sélection et d'élimination; il maintient des examens de passage rigoureux dont il est souverain juge et même seul juge. Il n'a pas à côté de lui les Frères de la doctrine chrétienne, les Pères et les autres congrégations, attentives à profiter de tout ce qui ramène les études à un niveau purement mnémonique, à un procédé de chauffage artificiel et de culture superficielle. La Prusse compte toujours sur le « bon despote » pour faire tout marcher au pas et empêcher la débandade. Mais, en France,

« avec notre régime de liberté », dont nous sommes justement fiers, mais que nous entendons souvent bien mal, établissez toutes les licences pédagogiques, comme vous avez établi toutes les licences de la presse, du cabaret, du théâtre, des cafés chantants et des courses de taureaux, vous verrez ce que deviendra le niveau de l'éducation générale; vous verrez ce que dureront les humanités désintéressées devant le flot montant d'utilitarisme et d'individualisme que l'on décore du nom honteux de « pression démocratique ».

M. Couyba parle de « réaction »; les vrais rétrogrades ne sont pas ceux qui cherchent à entraîner en haut le plus de monde possible, mais ceux qui cherchent à tout ramener en bas et, par cela même, en arrière. Il parle aussi de ma « pédagogie trop aristocratique ». Quelle aristocratie y a-t-il à vouloir que la démocratie ne manque pas de l'élite sans laquelle elle n'est pas viable? Est-on aussi aristocrate si l'on n'ouvre pas aux élèves des écoles primaires les mêmes débouchés qu'à l'enseignement secondaire? M. Couyba s'attendrit sur les pauvres élèves « modernes » qui, voulant faire du droit et de la médecine, sont obligés à un supplément d'études coûteuses. S'attendrira-t-il aussi sur les élèves des écoles primaires que l'on oblige à faire des études secondaires coûteuses au lieu de les laisser se présenter sans autre forme de procès aux facultés de droit et de médecine? La démocratie consiste-t-elle à sacrifier aux individus les intérêts de tous, les intérêts de la nation, qui a besoin de ne pas laisser envahir les hautes fonctions par une multitude mal préparée et mal choisie?

Pour éviter la cohue et le prolétariat intellectuel, M. Couyba, faisant à son tour de la « pédagogie aristocratique », propose d'établir dans les lycées des examens de passage sévères, qui éliminent les incapables ou les médiocres. — Je réponds qu'en Allemagne, où il y a monopole d'enseignement, ces examens sont possibles et sérieux, parce que c'est l'État qui, abusivement, est partout seul maître et seul juge. Mais chez nous, tandis que les lycées de l'État feront des examens de passage honnêtes, aboutissant à mettre à la porte les mauvais élèves, ces mauvais élèves trouveront tout de suite un refuge dans la boutique d'en face, dans la maison congréganiste ou la pension libre, où les examens de passage seront pour la forme. — L'État fera passer ces examens, direz-vous. — Que d'examens ! Au lieu de trois ou quatre baccalauréats, nous en aurons une série sans fin, une monnaie de baccalauréats, qui encore ne satisfera personne et fera crier tout le monde. N'est-il pas plus simple de faire la sélection en temps utile, c'est-à-dire : 1° dans les examens du baccalauréat proprement dit; 2° à l'entrée des Facultés et des grandes écoles, de manière à exiger des qualités d'instruction vraiment supérieures de ceux qui aspirent aux fonctions et missions publiques?

Les représentants de la volonté *générale* ne doivent pas, sous le faux prétexte de démocratie, adopter cette politique *particulière* qui consiste à flatter les intérêts privés de leurs électeurs en mettant à la portée de ces intérêts tout ce qui ouvre l'accès des fonctions publiques, des écoles du gouvernement, des professions libérales, etc. On produit ainsi un détournement de forces qui devraient être employées aux professions industrielles, agricoles et commerciales; on favorise l'invasion du primaire dans le secondaire et, par le moyen du secondaire, dans tout l'enseignement supérieur. Les vrais intérêts de la démocratie, nous ne saurions trop le redire, ne consistent pas à favoriser les médiocres ou les incapables, mais à établir partout des garanties d'études sérieuses et approfondies qui empêchent l'exploitation du peuple et l'abus de la confiance publique par les charlatans.

En parlant des partisans de l'enseignement classique, qui combattent « la destination utilitaire des études », le rapporteur de la Commission parlementaire cite habilement en note : « MM. Fouillée, Lachelier, Bernès, etc., M. Mathieu, archevêque de Toulouse, le Père Didon et tous les établissements ecclésiastiques ou congréganistes, à l'exception des Frères de la doctrine chrétienne ». C'est oublier M. Ravaisson, M. Boutroux, M. Séailles, M. Croiset, M. Boissier, M. Bréal, M. Picot, M. Levasseur, M. Jaurès. Les opinions de M. Renouvier sur ce point sont aussi bien connues. Je ne sais si le rapporteur a voulu insinuer que tous les classiques étaient des alliés du cléricalisme; en tout cas, si les philosophes les plus indépendants et les plus libéraux se trouvent tous, pour un moment, à côté de M. Mathieu quand il s'agit de défendre les humanités classiques, les partisans de l'enseignement moderne, eux, se trouvent à la suite des Frères de la doctrine chrétienne, les vrais inventeurs et les plus ardents soutiens de cet enseignement, qui leur permet de faire concurrence aux lycées et de faire recevoir, après un court bourrage, nombre de bacheliers sans latin. Besogne où ils sont d'ailleurs suivis par maintes écoles primaires. Est-ce là ce que veulent favoriser nos ardents démocrates, et ne voient-ils pas qu'en travaillant à rendre les études secondaires de plus en plus faciles et primaires, ils travaillent pour les rivaux de l'Université, qui ne sont pas toujours les amis de la République?

Comme j'avais dit pour ma part, en répondant à la commission d'enquête : « Séparer notre enseignement en deux camps ennemis (le classique et le moderne déclarés *équivalents* et conduisant aux *mêmes carrières*), c'est en assurer la décadence ; tout corps divisé contre soi périra », le rapporteur m'objecte : « A Rome, n'y avait-il pas *division* entre le patriciat et la plèbe? En France, aujourd'hui, n'y a-t-il pas de *division?* » Hélas ! oui, il y en a, je crois même qu'il y en a trop, et je ne vois pas que nos divisions soient pour nous une cause de santé, pas plus que ne le furent pour Rome les luttes des classes. Quant à installer nous-mêmes officiellement la division dans nos institutions, c'est un nouveau genre de politique qui m'inspirerait quelque défiance. N'est-il pas préférable que l'enseignement public ait un seul type de bonnes études classiques, avec de simples variantes, à la disposition de ceux qui se destinent aux carrières libérales, et un type tout différent d'enseignement scientifique pratique, à la disposition de ceux qui se destinent à l'industrie, au commerce, à l'agriculture, à la colonisation? De cette manière, les forces ne seront pas dispersées et, par leur frottement mutuel, en partie annulées. La bonne mécanique, quoi qu'on en puisse dire, n'est pas sans analogie avec la bonne politique : à la division des forces substituons leur concentration.

On ne peut, sans quelque mélancolie, songer que la commission parlementaire, après avoir entendu tant de témoignages, s'est arrêtée à ceux qui flattaient ses propres goûts ou ses propres calculs politiques et, comme conclusion, a proposé la mutilation des études classiques, la suppression de la classe de philosophie ou sa dispersion dans les classes inférieures, le nivellement des classiques et des modernes, bref, toutes les mesures propres à compromettre en France les études sérieuses et à nous faire marcher à l'arrière de tous les autres pays civilisés, y compris l'Allemagne. La politique du « cœur léger » n'est toujours que trop fréquente, même chez certains républicains.

En résumé, les deux branches nouvelles de l'enseignement classique que le Ministère propose de créer, — la branche *français-latin et langues modernes*, la branche *français-latin et sciences*, répondront à tous les besoins, et au-delà; elles abaisseront déjà, pour bien des élèves, une barrière importante en sacrifiant le grec. A quoi bon, dès lors, un enseignement moderne humaniste?

Que l'enseignement moderne, au lieu de vouloir déborder de toutes parts, rentre dans son lit naturel; qu'il prépare sérieusement et, pour cela, exclusivement aux professions scientifiques et industrielles, comme l'y invitent le ministère et le conseil supérieur de l'instruction publique; ce sera son salut, en même temps que le salut de l'enseignement classique; ce sera son vrai moyen de succès, dû à une appropriation exacte et à une compétence justifiée.

Il importe que ce nom de moderne, qui n'a été imaginé que pour jeter le discrédit sur les études dites « antiques », disparaisse. En fait, l'enseignement classique doit être et est plus moderne que tout autre. Quant à l'enseignement à visées pratiques, il doit s'appeler *enseignement scientifique pratique*, pour ne pas tromper les parents sur sa nature et sa mission, et il doit durer quatre ans pour les uns, cinq ou six ans au plus pour les autres.

Il doit aboutir à un examen qui ne porte pas le nom de baccalauréat, et n'ouvre pas les mêmes carrières que le baccalauréat.

Enfin, il ne doit pas obtenir un accès de droit aux classes de philosophie pour des élèves qui n'ont pas été préparés par une suffisante instruction générale, scientifique et surtout littéraire. Toute voie détournée et souterraine pour se glisser dans les Facultés de droit et de médecine doit être sévèrement interceptée. Les dispenses accordées par les Facultés doivent demeurer seules à la disposition de quelques élèves méritants et ne pas se changer en droit pour tous.

Voilà onze ans que l'enseignement secondaire souffre de l'enseignement moderne, qui, sans rien faire de sérieux pour les études pratiques, a compromis les études classiques, compromis la clientèle et l'influence de l'Université, par cela même l'esprit libéral et démocratique. L'expérience est-elle assez concluante?

J'ai le droit de conclure que la prétendue égalité de sanctions serait un privilège inique en faveur des modernes, un empiétement et une usurpation des modernes, un coup d'État des modernes au mépris de la vraie égalité et du droit, au détriment des études classiques, auxquelles on susciterait une concurrence déloyale, au détriment de l'Université, dont on favoriserait les rivaux et adversaires, au détriment de l'État, dont on diminuerait l'influence dans l'enseignement, au détriment de la nation, dont on abandonnerait les hautes traditions et dont on rabaisserait le niveau intellectuel en face des nations voisines.

LIVRE TROISIÈME

IMPORTANCE CROISSANTE DES ÉTUDES PHILOSOPHIQUES

CHAPITRE I

Les classes de philosophie et l'éducation républicaine.

I. — On a fait un crime à l'Université de ce que deux ou trois de ses professeurs, dans les événements récents, se sont joints au groupe des nouveaux agitateurs. De ces deux ou trois exemples individuels on a voulu conclure « qu'il existe dans l'Université un fonds de tendances et de doctrines contraires à l'esprit républicain[1] ». C'est aller vite ! Quelque jugement qu'on porte

1. Voir l'article de M. Torau-Bayle dans la *Revue politique et parlementaire* de juin 1900 : *la République et l'Université.*

sur les « événements récents » comme sur « l'Affaire » trop fameuse qui les a précédés, comment oublier que maints universitaires, dont les noms se sont trouvés en évidence, n'étaient pas précisément nationalistes, tout au contraire? L'Université a, comme le reste du pays, éprouvé le contrecoup de nos divisions; ce serait une injustice de lui en faire un reproche ou de vouloir l'inféoder à un parti quelconque.

Non moins injuste est l'accusation dirigée contre l'Université de ne pas travailler « à l'éducation des citoyens » en général et, en particulier, du « citoyen républicain ». De tout temps, et de nos jours plus que jamais, l'Université de France fut, comme nous l'avons dit à mainte reprise, la forteresse des idées libérales; ses professeurs de philosophie, en particulier, ont été les plus ardents défenseurs de ces idées. Sous l'Empire, alors que l'armée fusillait, que la magistrature déportait et que le clergé bénissait, où a-t-on vu surtout se produire les refus de serment? Où s'est formée la pépinière des esprits libres, où a grandi le noyau des résistances intellectuelles qui devaient, plus tard, aboutir à la République? Quelle est, dans nos lycées, la classe dont l'Empire avait peur, parce qu'il sentait que ceci tuerait un jour cela? C'est celle dont il avait changé le nom en celui de logique. Quelle est enfin l'agrégation dont le rétablissement a marqué dans l'Université le grand réveil, sinon l'agrégation de philosophie? Ce sont des universitaires et, en particulier, des philosophes qui ont réorganisé l'enseignement primaire, qui y ont introduit l'instruction morale et civique, qui en ont rédigé les programmes. Le ministère de l'Instruction publique n'avait-il pas alors à la tête de ses trois divisions trois philosophes : M. Buisson, M. Rabier, M. Liard? N'est-ce pas ce dernier qui a réorganisé nos Universités?

Nos professeurs d'histoire et de lettres, comme ceux de philosophie, ont répandu, quoique incomplètement, cette éducation républicaine qu'on reproche à l'Université de négliger, alors qu'elle est précisément la seule qui s'en préoccupe. Demandez plutôt aux congrégations de tout genre si elles trouvent que l'Université ne travaille pas assez au triomphe d'une « morale laïque » et à celui des « idées républicaines ». Demandez-leur surtout si elles trouvent que nos professeurs de philosophie n'ont pas l'esprit assez libre et assez moderne! Les classes de philosophie, si l'esprit de liberté venait par impossible à disparaître en France, seraient parmi ses derniers refuges. On a accusé nos professeurs d'y enseigner soit l'éclectisme cousinien, soit le kantisme, soit, chose plus prodigieuse, les deux à la fois. Pour l'éclectisme cousinien, il est mort et enterré depuis longtemps : nous doutons qu'il ait encore un seul représentant dans une chaire de philosophie. Quiconque n'a pas dormi dans le château de la Belle au Bois dormant sait combien le monde philosophique a marché depuis une trentaine d'années. Où sont donc ces maîtres dont on nous parle, « élevés sous le charme des périodes fleuries des Caro et des Francisque Bouillier » — en supposant que les périodes de ce dernier aient jamais été fleuries? Quant à Paul Janet, s'il s'attacha à l'éclectisme, il avait cependant une incontestable liberté d'esprit : il n'est pas juste de prétendre qu'il fut un « déclamateur » ; son influence n'était d'ailleurs que très faible depuis nombre d'années. Ravaisson, dont l'action fut au contraire considérable, était un ennemi déclaré du cousinisme et, d'autre part, n'acceptait nullement le kantisme.

Les professeurs de l'École Normale n'ont juré sur la parole d'aucun maître. Si M. Lachelier accepta la base du kantisme, ce fut pour le combiner avec la philosophie platonicienne et chrétienne, prise au sens le plus profond. Après qu'un de ses collègues comme maître de conférences eut soutenu une thèse en faveur du « déterminisme », un autre vint qui en soutint une en faveur de la « contingence ».

En même temps, les professeurs de philosophie faisaient connaissance avec les nombreux ouvrages de M. Renouvier, dont le néo-kantisme diffère essentiellement du kantisme véritable. On ne voit donc pas que l'Université se soit identifiée ni avec Cousin ni avec Kant.

Je ne veux pas nier pour cela que le kantisme ait fourni de nombreux éléments à la philosophie universitaire. Nous serions bien en retard en France s'il n'en était pas ainsi, alors que le kantisme fait le fond de la philosophie universitaire allemande et, ce qui est plus étonnant, domine dans les universités anglaises. C'est précisément en France, actuellement, qu'on est le moins kantiste.

Si d'ailleurs Kant a conquis une aussi grande part dans l'enseignement, c'est tout simplement qu'il en est digne. J'ai trop critiqué moi-même de nombreuses parties de sa doctrine pour n'avoir pas aujourd'hui le droit et même le devoir de défendre ce haut esprit contre des attaques imméritées. Loin de « séparer la spéculation de la pratique, la méditation de l'action », Kant a montré que « la raison est pratique par elle-même », qu'elle est l'origine commune des principes de la pensée et des principes de l'action. Loin de prétendre nous révéler « l'énigme des choses », Kant a montré que la raison doit prendre conscience de ses propres limites et ne pas les franchir. Il a établi les droits imprescriptibles de la science en même temps que ses bornes constitutionnelles. Dans l'ordre moral et civique, le kantisme s'est tenu à la plus grande hauteur. L'idée de république, dit-on, est « inséparable de l'idée de raison » ; mais c'est là, précisément, ce que Kant a dit sur tous les tons, alors qu'il ajoutait : « la raison humaine ne reconnaît d'autre juge que la raison humaine elle-même », et qu'enfin, dans l'ordre politique, il prêchait le « gouvernement de la raison ». Kant a fait la théorie morale de la Révolution française ; il a représenté la République comme le seul gouvernement dont la base soit conforme à la justice et il l'a définie : « Un système représentatif du peuple, institué pour protéger les droits en son nom, c'est-à-dire au nom de tous les citoyens réunis et au moyen de leurs délégués. » Dans ses vues sur l'idéal (trop lointain à ses propres yeux) de paix perpétuelle, Kant a posé comme condition préalable que « la constitution civile de chaque État fût républicaine ». D'où il a déduit qu' « aucun État ne doit s'immiscer de force dans la constitution d'un autre État », qu'aucun État indépendant ne peut être « conquis » ni « acquis par voie d'héritage, d'échange, d'achat ou de donation », enfin que l'Europe doit tendre à être une fédération de libres républiques ». Cette doctrine est la traduction pratique de la fameuse théorie kantienne sur la « république des fins », où l'humanité entière est représentée comme une libre société de personnes dont chacune est une fin en soi et pour les autres, ayant une valeur infinie qui constitue sa dignité d'homme et de citoyen. C'est cette doctrine qu'on nous représente aujourd'hui comme « opposée aux principes républicains ![1] »

Il y a quelque chose à la fois de triste et de plaisant dans la manière dont les partis les plus adverses veulent rejeter la faute sur Kant. Si tel adversaire du nationalisme, comme M. Torau-Bayle, accuse aujourd'hui le kantisme, n'est-ce pas un nationaliste, M. Barrès, qui accusait hier le même kantisme de nous faire oublier notre nation propre et notre « province » ? Une voix plus solennelle, venant de Rome, accusait à son tour le kantisme au point de vue catho-

1. M. Renouvier, qui est un néo-kantien, ne passe pas pour un ennemi des idées républicaines, et l'on sait assez ce qui, dès la seconde République, appela l'attention sur son nom. Sous la troisième, sa *Critique philosophique* a exercé une grande influence au sein de l'Université et, par l'Université même, sur le progrès des idées républicaines, non des moins « avancées ».

lique, et le pape regrettait, en termes qui n'indiquent pas non plus une étude approfondie de Kant, l'influence exercée par la philosophie critique. Si le siècle a marché, la faute est à Kant aujourd'hui, comme elle était jadis à Rousseau et à Voltaire !

Est-ce à dire que, pour ma part, je conseille de s'en tenir au kantisme? Nullement; j'ai toujours soutenu et pratiqué le contraire, mais encore faut-il rendre justice à chacun, même à Kant. La vérité est que les maîtres de l'École normale, M. Lachelier, moi-même (pour suivre l'ordre chronologique), M. Boutroux, Ollé-Laprune, M. G. Lyon, M. Bergson, M. Lévy-Bruhl, M. Rauh, etc., ont tous enseigné non le cousinisme, non le kantisme, mais une philosophie synthétique, soucieux qu'ils étaient de ne pas s'enfermer dans un système et de suivre la pensée moderne sans abandonner pour cela le culte de la grande antiquité. Aucun d'ailleurs n'a représenté la philosophie comme « achevée » ni comme un dogme immuable.

Les Français ont la manie de se dénigrer eux-mêmes, d'élever à tort et à travers les autres pays aux dépens du leur. Le fait est que le mouvement philosophique, dans l'Allemagne devenue utilitaire, est presque entièrement tombé : en dehors des extravagances de Hartmann et des poétiques démences de Nietszche, l'Allemagne ne peut aujourd'hui citer que Wundt, déjà au bout de sa carrière, Lipps, Simmel et quelques autres. Bien supérieur est le mouvement philosophique en Angleterre, mais, depuis que Spencer a terminé sa tâche, on n'y compte plus guère que des néo-kantiens : Green, Caird, Hodgson, etc.

Quant à la France, c'est se crever *désagréablement* les yeux, comme dirait Pascal, que de n'y pas reconnaître, avec le monde entier, un mouvement philosophique et sociologique des plus intenses, une production philosophique d'une variété, d'une richesse, d'une liberté incomparables. Aucun pays n'a, dans le même genre, rien qui puisse être mis de pair avec la longue et glorieuse liste des thèses de doctorat philosophique en France. Ouvrez les Revues philosophiques étrangères et voyez le rang qu'on y attribue aux nombreux travaux qui, chaque année, viennent de France. Comparez ces revues étrangères elles-mêmes, pour la profondeur et l'abondance, avec notre *Revue philosophique* répandue partout et partout admirée, avec notre *Revue de métaphysique et de morale*, où les questions les plus pratiques sont traitées d'une manière originale à côté des plus hautes spéculations. Il suffit même, tout prosaïquement, de jeter les yeux sur le catalogue de la principale maison de Paris qui publie des ouvrages philosophiques pour être frappé d'une telle abondance de travaux remarquables, d'une telle succession de livres qui ont presque tous apporté des éléments nouveaux à la science sur les sujets les plus divers. Prétendre que la période qui, après Taine, Renan, Vacherot et Cournot, a vu pour la philosophie générale et pour la morale Ravaisson, M. Renouvier, M. Lachelier, M. Boutroux, M. Brochard, M. Bergson, sans compter ce libre et grand esprit, J.-M. Guyau, et d'autres encore; pour la psychologie, M. Ribot et toute une pléiade d'observateurs ou d'expérimentateurs tels que M. Paulhan, M. Pierre Janet ou M. Binet,

M. Féré, M. Richet; pour la sociologie (science vraiment française), M. Espinas, M. Tarde, M. Durckheim; prétendre qu'une telle période ne peut soutenir la comparaison avec ce qui se voit outre-Rhin et outre-Manche, n'est-ce point, si j'ose m'exprimer comme Spinoza, rêver les yeux ouverts? J'ai parlé tout à l'heure de sociologie; que l'on se contente donc (après avoir parcouru *l'Année philosophique* de M. Pillon et *l'Année psychologique* de M. Binet) de parcourir à son tour *l'Année sociologique* dirigée par M. Durckheim, une mine de science exacte, ou encore la *Revue internationale de sociologie* dirigée par M. Worms, et l'on sera frappé, je dirai même confondu, d'une pareille puissance de travail, d'une si heureuse fécondité de notre France et, en particulier, de notre Université de France. Je n'ose continuer de citer des noms ou des titres d'ouvrages : il en faudrait noter des centaines. Je ne sais même pas si, parmi nos professeurs de philosophie dans les lycées ou les facultés, il s'en trouve plus de deux ou trois qui n'aient pas publié quelque étude digne de remarque, qui n'aient pas déjà acquis en France et même à l'étranger une légitime réputation auprès des hommes compétents. Quant à la Sorbonne et au Collège de France, qui donc a prétendu que les étudiants étrangers « sourient aux cours »? L'étudiant qui se permettrait de sourire à un cours de M. Boutroux (sur Pascal, par exemple), à un cours de M. Brochard, de M. Espinas, de M. Séailles, de M. Buisson, ou, au Collège de France, à un cours de M. Ribot, de M. Tarde, de M. Bergson, de M. Pierre Janet, serait lui-même parfaitement ridicule. Tout récemment je recevais la visite, non d'un étudiant, mais d'un professeur allemand qui avait suivi ces cours et qui ne me cachait pas son admiration, accompagnée de quelques soupirs sur l'état actuel de la philosophie universitaire en Allemagne.

Veut-on, sur notre enseignement, le témoignage d'une personnalité considérable, d'un puissant souverain? Ce témoignage nous sera transmis par un membre de l'Académie des Sciences morales et politiques, qui faisait partie des délégués invités par l'Académie de Berlin pour représenter l'Institut de France aux cérémonies du centenaire. Écoutons donc M. le comte de Franqueville, qui, assurément, ne passe pas pour un admirateur aveugle ni de notre régime républicain actuel, ni de notre Université. Il raconte, dans un rapport à l'Académie des sciences morales, que l'Empereur, en une conversation pleine d'abandon et de franchise, ne craignit pas d'établir un parallèle entre l'Allemagne et la France : « C'est avec admiration, j'oserais presque dire avec envie, que le souverain parlait de notre unité nationale si parfaite, si absolue ; du souffle patriotique qui anime toutes nos populations ; de notre centralisation peut-être exagérée, mais qui offre aussi tant de réels avantages ;... de nos administrations publiques qui, à travers tant de révolutions et de secousses, ont continué imperturbablement à fonctionner et ont préservé le pays de l'anarchie et du chaos ». Et parmi ces grandes institutions stables, il faut faire une place d'honneur à l'Université ; l'Empereur enviait « l'esprit généralement large et élevé de nos méthodes d'éducation, qui attachent moins d'importance que celles suivies en Allemagne aux petits détails et aux critiques grammaticales ou philologiques ».

Ainsi, pendant que nous voulions maladroitement emprunter à nos voisins leurs méthodes d'éducation philologique ou historique, ils regrettaient de ne pas trouver dans leur propre pays un peu du libre esprit qui, en France, souffle où il veut.

Remettons les choses au point dans l'intérêt de la vérité et de la justice. Nous avons nous-même montré plus haut, avec une franchise plutôt sévère, les défauts de notre enseignement historique, grammatical, littéraire ou scientifique. Il n'en reste pas moins vrai qu'aucun corps enseignant dans aucun pays ne peut se prétendre supérieur au nôtre ni par la science, ni par la conscience, ni par le goût, ni par le talent littéraire ou scientifique, ni par l'art de la parole et la lucidité de l'exposition, ni par la fécondité des travaux, ni par l'indépendance d'esprit, ni par le dévouement à la patrie et à la démocratie. Et si toutes les autres institutions, en France, ressemblaient à l'Université et surtout aux professeurs de philosophie qui honorent l'Université, la France pourrait lever de plus en plus haut la tête.

II. — Je viens de rendre hommage à la hauteur intellectuelle et morale de notre personnel universitaire; mais il vaut mieux, sur ces points, apporter d'autres témoignages que le mien. Qu'on entende donc celui d'un profond métaphysicien et moraliste, M. Boutroux. Il a été, comme je le fus jadis, et plus longtemps que moi, maître de conférences à l'École Normale; appelé ensuite à la Faculté des Lettres de Paris, il a eu entre les mains, depuis plus de vingt ans, des jeunes gens qui se préparent à devenir professeurs, notamment professeurs de philosophie. « Or, déclare-t-il à la commission d'enquête parlementaire, mon expérience m'autorise à affirmer que notre corps professoral possède la plus haute valeur intellectuelle et morale. J'ai vu ces jeunes gens de très près à l'École Normale, je vivais avec eux dans une véritable intimité. A la Sorbonne même, nous avons, depuis longtemps déjà, des étudiants que nous dirigeons individuellement dans leurs travaux, avec qui nous entretenons des relations amicales. Eh bien, je ne saurais louer autant qu'ils le méritent, le zèle, la bonne volonté, la conscience, le sérieux, la probité scientifique, le juste tempérament de docilité et d'initiative personnelle, que je constate, en général, chez ces jeunes gens. En même temps, je suis touché de leur valeur morale, de leur droiture, de leur simplicité, de leur modestie, de la générosité et de la délicatesse de leurs sentiments. Ma conclusion est la suivante. Je ne puis croire que le contact journalier de pareils hommes n'ait pas sur les jeunes gens une salutaire influence. Quels que puissent être pour ces derniers les résultats matériels de leurs études, *ils ont lu, pendant plusieurs années, dans des intelligences et des âmes d'élite*. Il est impossible que ce commerce n'ait pas laissé en eux des traces profondes et que, dans la jeunesse formée par de tels maîtres, il n'y ait pas une réserve de force, d'honnêteté et de vertu pour le pays. »

Veut-on le témoignage d'un homme d'action et d'action *avancée*, M. Jaurès? Ses paroles concordent avec celles de M. Boutroux, notamment pour ce qui concerne les professeurs de philosophie et les élèves de philosophie. M. le président Ribot ayant demandé devant la commission d'enquête : « L'enseignement de la philosophie, tel qu'il est donné dans nos lycées, vous paraît-il produire de bons résultats? » M. Jaurès répond : — « Je le considère comme *tout à fait remarquable*... En fait, il n'est pas douteux que, tel qu'il est constitué, l'enseignement philosophique laisse les traces les plus profondes dans l'esprit des jeunes gens ; il y a, chez les jeunes gens de dix-sept à dix-huit ans, une ivresse de métaphysique qui est tout à fait extraordinaire. » A ceux qui rêvent de n'enseigner que l'histoire de la philosophie, sans aucune conclusion, sans aucune indication de tendance, M. Jaurès répond : « Il est bien clair que, même dans un exposé purement historique, des idées, des tendances systématiques apparaîtront. *Les jeunes gens ne sont heureux que lorsque le professeur conclut sur toutes choses;* cette affirmation est un peu téméraire, mais il n'en est pas moins vrai que c'est là la source de quelques-unes des joies et des émotions intellectuelles les plus hautes qu'ils emportent du lycée. Je sais même qu'à travers la traduction, des professeurs font devant leur classe des lectures de Platon qui produisent l'émotion la plus profonde, non seulement sur l'élite, mais sur tout l'ensemble de la classe. C'est visiblement une préoccupation des professeurs d'aujourd'hui de s'adresser à tous, et, dans la mesure où c'est humainement possible, je crois qu'ils y réussissent. » Ces paroles de psychologie vraie et élevée seraient confirmées par le témoignage de tous les maîtres de philosophie, si on pouvait le leur demander. Les livres mêmes que nos philosophes écrivent aujourd'hui pour les élèves contiennent, en trente pages, plus d'idées, de faits, de vraie philosophie et de vraie science qu'il n'y en a dans tout Victor Cousin. Nous sommes donc là, d'une manière indéniable, en possession d'une énorme force vive qui peut et qui doit être utilisée pour le bien de tous.

Est-ce à dire que tout soit sans défaut dans l'enseignement de la philosophie? Nullement. Qui a plus insisté que moi-même sur les lacunes de cet enseignement? Après la liberté de la critique, dont j'ai usé à maintes reprises et dans ce livre même, qu'on m'accorde donc aujourd'hui, au fond de ma retraite, la liberté de l'éloge, qui n'est que simple justice.

On parle du dédain qu'auraient nos philosophes pour la foule et le peuple. Où a-t-on trouvé trace d'un pareil sentiment? Est-ce dans *l'Irréligion de l'avenir*, de Guyau? Est-ce dans *la Solidarité morale*, de Marion? dans les livres de M. Espinas? dans la thèse de M. Durckeim sur la *Division du travail social*? dans la thèse latine de M. Jaurès, dans la thèse française de M. Andler sur le *Socialisme d'État en Allemagne*, dans celle de M. Henry Michel sur *l'Idée de l'État*, dans les divers ouvrages de M. Paulhan? Est-ce dans le petit livre populaire de M. Boutroux sur les *Questions de morale et d'éducation*, ou encore dans les leçons généreuses et les articles de M. Darlu? Est-ce dans les livres de M. Payot sur l'éducation de la démocratie? Est-ce dans la thèse toute récente de M. Bouglé sur les *Idées égalitaires*? A moins que ce ne soit dans le livre de M. Alexis Bertrand en faveur de l'*Enseignement intégral*, dans celui de M. Gaston Richard sur *le Socialisme et la Science sociale*, dans celui de M. Lapie sur *la Justice par l'État*, dans celui où M. Lévy-Bruhl célèbre dignement Auguste Comte, dans cet autre, si favorable au comtisme, de M. Adam sur la philosophie au XIXe siècle; dans les travaux de M. Mabilleau, devenu directeur du Musée social, dans ceux de M. Evellin, dans ceux de M. Souriau, dans *la Cité moderne* de M. Izoulet, dans les conférences démocratiques de M. Jacob, dans les écrits de M. Joseph Fabre, dans les articles de M. Rauh, de M. G. Belot, de M. Marcel Bernès, de MM. Brunswig et Halévy; de MM. Boirac, Dauriac, Thomas, Picavet, Thamin, Pérez, Arréat, Dugas, Malapert ou Palante? Peut-être est-ce dans les contributions de M. Séailles à *l'Union morale* fondée par le philosophe Lagneau, ou dans *la Paix par le droit*, que dirige M. Th. Ruyssen[1]. Que sais-je? Les travaux d'inspiration sociale et démocratique dus à l'Université sont sans

1. J'ai cité au hasard de souvenirs nécessairement incomplets.

nombre et, pour ma part, quand je les lis, je trouve l'ensemble simplement admirable.

Ceux qui craignent tout du socialisme et le confondent avec le collectivisme ou le communisme s'écrieront : « Plusieurs professeurs de l'Université ont écrit des livres socialistes, et vous venez vous-même de rappeler leurs noms. » — Sans doute. Mais n'y a-t-il pas aussi des socialistes de la chaire en Allemagne, en Angleterre, aux États-Unis, en Italie, et bien plus nombreux que chez nous? N'y a-t-il pas aussi des socialistes chrétiens et catholiques? Pouvez-vous empêcher et condamner un mouvement d'idées sociales où l'avenir fera le triage du vrai et du faux, du bon et du mauvais? Respectons toutes les opinions sincères et toutes les recherches faites dans un esprit de justice sociale.

En somme, s'il y a en France quelque chose de vivant et de progressif, une élite de l'élite, c'est l'Université; et s'il y a dans l'Université quelque chose de plus vivant et de plus progressif encore que tout le reste, c'est la philosophie.

Qu'il soit permis à un philosophe universitaire, lequel ne fut jamais un ennemi de la République, de donner franchement un avis à nos hommes d'État républicains, s'il en est qui lisent ces pages. Il m'est arrivé déjà, il y a un certain nombre d'années, en étudiant l'enseignement au point de vue national, de hasarder quelques prophéties qui, par malheur, se sont vérifiées : j'avais trop bien prévu le succès que des attaques maladroites contre l'enseignement classique préparaient aux ennemis de la République et de l'Université. Je considère comme un devoir de faire aujourd'hui, dussé-je toujours crier *in deserto*, des prédictions analogues. La commission de la Chambre a proposé, comme nous l'avons vu, des réformes de l'enseignement qui tendent à abréger et à découronner l'enseignement classique, par un procédé digne de Tarquin, pour le rabaisser à la taille de l'enseignement moderne. Si ce projet aboutissait, c'est la classe de philosophie qui ferait les frais de cette réforme à rebours, de ce progrès à reculons. Ou cette classe serait supprimée, ou elle serait réduite en menus morceaux que l'on répartirait dans les autres classes, en faisant voyager le professeur d'un petit cours sur la logique à un cours anodin sur la morale; et ainsi ce que j'ai appelé le grand rempart des idées libérales aurait disparu dans notre pays; ainsi, dans nos lycées, celle de toutes les classes qui est la plus importante et qui, de fait, est la plus florissante, celle où les progrès ont été incontestables et sont reconnus jusque dans les pays étrangers, c'est celle-là que l'on choisirait pour l'offrir en holocauste à la faim insatiable des « modernes », qui, sous prétexte de commerce, d'industrie et de colonisation, veulent en réalité conquérir à leur profit l'entrée de toutes les fonctions publiques, surtout de la médecine et du barreau.

Si jamais, ce que je ne crois pas, un parlement républicain touchait aux classes de philosophie, dont le régime du Deux décembre n'a osé que changer le nom sans réussir à en éteindre l'ardent esprit, ce parlement se mettrait lui-même honteusement au-dessous de l'Empire. En décapitant l'enseignement national, en abandonnant toutes les hautes traditions désintéressées de la France pour flatter l'utilitarisme de prétendus « modernes », il se déshonorerait lui-même, il ferait naïvement le jeu des ennemis du régime actuel et compromettrait d'une manière irrémédiable cette République qu'il prétend servir. Une loi contre les classes de philosophie ferait le digne pendant des « lois néfastes » dont nous souffrons tous aujourd'hui sur la licence des cabarets et la licence de la presse.

L'Université de France, en somme, n'a eu que le tort de s'être laissé séduire, par une bonne volonté maladroite de réformes, à la philologie ou à l'érudition des Universités d'outre-Rhin, qu'on nous représentait naguère, avec la géographie, comme le salut de la nation française. L'Université a péché et pèche encore par excès de zèle; mais, malgré quelques défauts dont les influences du dehors, la presse et le parlement sont, en grande partie, responsables, elle a maintenu très haut le niveau de l'esprit public, et elle peut le maintenir encore, en faisant face aux nécessités de plus en plus morales et sociales du régime nouveau.

Le moyen pour nos hommes politiques de

conserver à l'Université son influence nécessaire, c'est, d'abord, de ne pas la décrier injustement; puis, au lieu de vouloir y établir un stage obligatoire, c'est de donner à l'enseignement philosophique une place prépondérante dans tous les examens. Un stage aux classes de rhétorique ou même d'histoire ne changera pas l'esprit des élèves venus d'un milieu qualifié de « réactionnaire ». Les professeurs de philosophie, d'autre part, ne peuvent prétendre à la fabrication de républicains malgré eux, ni de libres penseurs forcés. Qu'ils se contentent de donner, comme on dit, les bons exemples et les bons modèles à suivre. Que, de plus, l'État impose à tous les examens et à toutes les grandes écoles des programmes conçus dans un esprit vraiment libéral, conséquemment philosophique. Ce sera le seul moyen légitime d'ouvrir peu à peu les classes dirigeantes aux idées de liberté, d'égalité, de solidarité, de justice sociale, sans lesquelles l'idée républicaine n'a plus ni sens, ni vertu.

CHAPITRE II

Mouvement des idées philosophiques dont l'enseignement doit s'inspirer.

I. — On nous demandera peut-être si la philosophie, à laquelle nous voulons recourir pour réformer l'enseignement, s'est elle-même réformée à notre époque et montrée capable de progrès. A cette question, nous répondrons par l'affirmative. Il y a de nos jours un mouvement philosophique dont la direction se laisse de mieux en mieux apercevoir et qui, transporté dans l'enseignement, peut y produire un mouvement parallèle, de manière à préparer l'unité de conviction dont notre époque a besoin. Les professeurs de philosophie, tout en conservant leur pleine liberté, doivent s'inspirer des tendances dominantes de la philosophie contemporaine.

L'heure du scepticisme et du dilettantisme est passée; le moment est venu de la pensée sérieuse et de l'action convaincue. Nous n'avons plus le temps de nous amuser, comme Renan, ni avec des idées, ni avec des formes, de jongler avec des propositions contradictoires, d'analyser curieusement notre *moi* et de contempler notre nombril intellectuel; toutes ces « poses » d'un siècle vieillissant sont démodées et, en elles-mêmes, aussi immorales qu'inintelligentes. Nous sommes pressés par le grand œuvre à accomplir, qui n'est autre que la transformation de la société selon les règles d'une justice plus haute. En un siècle de démocratie montante — et de démocratie *sociale*, — l'égoïsme intellectuel et esthétique est plus qu'une faute morale, c'est un crime social.

L'enseignement philosophique, selon nous, doit tendre et, en réalité, tend à une conciliation des deux doctrines qui ont eu le plus de vitalité et le plus d'influence au XIXe siècle : le positivisme et l'idéalisme, et c'est à cette conciliation que nos jeunes professeurs doivent coopérer.

Nous ne sommes plus ni au temps d'Auguste Comte ni à celui de Spencer. On a fini par comprendre et les mérites et les lacunes du positivisme. Que la philosophie doive exclusivement « se guider sur la science », qu'elle « doive tout » à la science positive, que « toute vérité » soit d'ordre purement scientifique, ce sont opinions qu'on ne peut plus guère soutenir de nos jours. Il y a une partie de la réalité imprenable aux relations proprement scientifiques : nombre, espace et temps. Le positivisme, objectivement, ne voulait être qu'une codification des lois naturelles; subjectivement, une classification et une application sociales des sciences : ce n'était pas assez. On comprend de plus en plus que la philosophie, dans son rapport aux sciences, doit être une *réflexion* sur la science, par conséquent : 1° une critique générale; 2° une coordination générale; 3° une interprétation générale; mais ce triple rapport ne l'épuise pas encore tout entière. Non seulement son objet est universel, mais elle doit rétablir le facteur individuel de toute connaissance et de toute action, le sujet pensant, qui est aussi sentant et voulant. La science proprement dite, au contraire, reste un mode de connaissance abstrait et imparfait, en ce qu'elle se borne à donner une vue des objets *en relation l'un avec l'autre*. Enfin la philosophie aborde des questions que nulle science particulière ne peut poser, encore moins résoudre, et que les positivistes rejetaient : refusant de laisser les portes ouvertes, ils prétendaient borner définitivement et les spéculations de la pensée et les besoins de la pratique morale. Pour examiner ces questions de *nature* ultime, d'*origine* et surtout de *fin*, la philosophie contemporaine tient compte non seulement des lois suprêmes de l'intelligence, mais encore des lois de la volonté et même de la sensibilité. Il ne faut donc nier ni la valeur de la science, comme on l'a fait récemment, ni ses limites[1]. La nature ultime du réel, surtout de notre réalité à nous, qui est pour nous le type des autres, ne pou-

1. Voir notre livre, *Le mouvement idéaliste et la réaction contre la science positive*.

vant s'exprimer en termes de connaissance objective, la science proprement dite ne donne pas, comme telle, pleine satisfaction à l'intelligence, sans parler de la volonté et du sentiment. C'est ce qu'Auguste Comte aurait dû conclure, tandis qu'il prétendait renfermer notre pensée dans la science objective et lui ordonnait d'être ainsi satisfaite, sauf à chercher pour le cœur je ne sais quel néo-fétichisme de sentiment. Nous avons essayé ailleurs d'établir la possibilité et les fondements d'une philosophie concrète complétant par une vue d'intérieur la philosophie abstraite du positivisme[1].

Outre l'insuffisance de l'ancien positivisme, on a compris aussi de plus en plus l'insuffisance de l'évolutionnisme purement physique. Nous entendons par là celui qui donnait de l'univers une explication exclusivement mécanique. Plaçant toute la causalité dans le monde extérieur, il représentait le monde intérieur comme un simple *aspect* de l'autre, comme un reflet sans efficace. Puis, au-dessus de ces deux mondes,

1. Voir notre livre, *Le mouvement positiviste et la conception sociologique du monde.*

il élevait l'Inconnaissable, où réside leur inaccessible unité. On a fini par comprendre que l'inconnaissable est un x purement hypothétique et que le vrai monisme est celui qui explique toutes choses par des facteurs d'ordre mental : l'existence est une, et elle ne peut être une que si elle est de nature psychologique.

Si la philosophie, dans ses principes idéalistes, maintient sa légitime indépendance à l'égard des sciences, que le positivisme avait trop niée, elle n'en reconnaît pas moins de plus en plus son intime union avec la science. Et c'est là le second caractère de la philosophie contemporaine. On revient à la grande tradition philosophique en ne séparant point la recherche des premiers principes d'avec l'étude des conclusions positives à nous connues. L'ancienne psychologie prétendait s'établir par la seule introspection, par la pure réflexion sur soi; cette prétention est aujourd'hui abandonnée. De même, l'ancienne métaphysique se tenait dans l'abstrait ou faisait appel à la réflexion intérieure; on comprend aujourd'hui que toutes les sciences de la nature et de l'esprit doivent contribuer à fournir la base d'une conception générale du monde et de la vie. Ce rôle de la science dans les diverses parties de la philosophie n'a pas été, selon nous, assez reconnu, soit par le « spiritualisme absolu » de F. Ravaisson, qui se fondait sur la méthode réflexive, soit par l'école de Kant, qui s'en tient trop à la critique des connaissances, soit par le criticisme français de M. Renouvier, qui finit par faire appel à un acte de libre arbitre pour décider des « dilemmes métaphysiques. » Le spiritualisme absolu de Ravaisson, en particulier, malgré son progrès sur l'éclectisme, qui poussait l'ignorance scientifique aux dernières limites, ne nous semble pas lui-même avoir fait une part assez grande à la science, sinon par des déclarations de principes non suivies d'applications. Aussi a-t-il favorisé surtout la métaphysique spéculative la plus hardie, la plus solitaire, presque ontologique. Tout ce qui est ou *critique* à la façon kantienne, ou *science* avec déduction et induction méthodiques, est presque banni de l'œuvre de Ravaisson, qui revient en arrière, vers Leibnitz et Malebranche. L'absence de tout rayonnement de son influence à l'étranger et, même en France, en dehors de l'Université, le complet silence à son endroit de l'Allemagne, de l'Angleterre, des États-Unis, proviennent du caractère éminemment personnel et, en somme, trop arbitraire de ce large dogmatisme identifié au plus large traditionalisme. Il y a, de nos jours, une montée de l'esprit scientifique et logique qui rend défiant à l'égard de la métaphysique par intuitions, éclairs et perspectives de sommets : on veut savoir par quel chemin le philosophe est arrivé au haut de la montagne, jusqu'au sein des nuages; et on veut même savoir selon quelles lois l'éclair sort de la nue. L'influence de Ravaisson, en favorisant le retour aux grandes spéculations personnelles, a malheureusement favorisé aussi, chez un certain nombre de jeunes gens, une sorte de dilettantisme métaphysique d'essence subtile. L'admirable *Rapport sur la philosophie en France au XIXe siècle* avait commencé par être libérateur des esprits et par briser tout à fait le joug intolérant et intolérable du cousinisme; mais, à la longue, une sorte de joug nouveau, celui d'une autorité toute persuasive et charmeuse, très ferme pourtant et peu flexible, a fini par se faire sentir dans l'Université, où Ravaisson présidait les concours d'agrégation, et par imprimer aux études une direction un peu trop monotone. Il nous semble qu'il est temps de chercher une philosophie plus méthodique, plus critique et plus scientifique, par cela même plus appropriée aux besoins du siècle nouveau. Il y a certainement eu, dans la seconde moitié du siècle dernier, quelque abus de l'ivresse métaphysique, — noble ivresse, d'ailleurs, dont le positivisme antérieur avait voulu sevrer les esprits. Peut-être est-il temps de revenir à une sagesse plus éloignée des extrêmes, également distante de la science étroite et de la fantaisie philosophique.

Si l'école métaphysique a abusé du dogmatisme spéculatif, l'école dite « criticiste » nous paraît avoir abusé du dogmatisme moral, et nous croyons que, dans l'enseignement universitaire, on doit revenir aujourd'hui de cet excès comme du précédent. Le néo-criticisme, pour faire place à la foi, borne le domaine de la causalité à des lois générales qui souffrent exception et n'excluent ni les commencements absolus ni l'absolu libre arbitre. C'est en réalité une brèche aux lois de la raison, sous prétexte de sauvegarder les lois de l'action. La tendance de la philosophie contemporaine à ne pas séparer la spéculation de l'action, — tendance qui est, à nos yeux, sa troisième caractéristique, — nous semble sans doute légitime; mais c'est à la condition de ne pas intervertir l'ordre des termes, de ne pas faire dominer l'action sur la pensée, comme si l'action d'un être raisonnable pouvait être supérieure aux lois de la raison même. La vraie foi morale doit être fondée en raison; elle ne doit pas, par un coup de désespoir, se perdre dans les « exceptions » à la raison, c'est-à-dire dans des abîmes où la moralité disparait du même coup que l'intelligence. On n'adore pas les ténèbres absolues; on peut les craindre, mais, pour cesser de les craindre, il n'y a qu'à y projeter la lumière de l'intelligence.

Nous sommes donc persuadé, en définitive,

que l'enseignement philosophique doit s'inspirer de trois grands principes : 1° originalité de la philosophie par rapport aux sciences positives; 2° union perpétuelle de la philosophie et de la science; 3° union perpétuelle de la science et de la pratique, sans que l'une doive jamais être sacrifiée à l'autre. Toutes les doctrines de dualisme et de division, sous quelque forme qu'elles se présentent, nous semblent destinées à des succès tout éphémères : la philosophie, surtout dans l'enseignement, doit revenir à un rationalisme assez large pour assurer à la fois les besoins de la pensée et ceux de l'action.

J'ajoute que la troisième tendance par nous reconnue dans la philosophie contemporaine, celle qui concerne l'union du point de vue pratique avec le point de vue théorique, prend de plus en plus la forme *sociale*. Je veux dire que c'est l'application *sociale* qui paraît la plus importante et que la sociologie semble le complément, peut-être le fondement de la vraie cosmologie. Je crois, pour ma part, que la philosophie du xxe siècle, sans rien abandonner des hautes spéculations, se fera aussi de plus en plus sociologique. Le souci des questions sociales est déjà visible dans l'enseignement philosophique de l'Université; au lieu de vouloir réagir contre cette tendance, il faut l'accepter franchement et s'efforcer de donner aux professeurs une forte instruction sociale. Les élèves de nos lycées ne sont pas faits pour vivre de la vie contemplative : ils devront coopérer au grand œuvre, qui est précisément la justice sociale à établir et, avec la justice, la paix sociale.

II. — Si la philosophie doit devenir la directrice de l'enseignement, c'est à la condition d'être elle-même dirigée dans le sens le plus éducateur. Or, il y a dans la philosophie des parties purement scientifiques qui rentrent dans les sciences spéciales et sur lesquelles le professeur ne peut insister qu'en se faisant lui-même spécialiste. Par exemple, la plus grande partie de la psychologie expérimentale, telle qu'on la conçoit aujourd'hui, est une spécialité qui doit être étudiée à l'Université dans les laboratoires, non au lycée. Dans la théorie de la perception extérieure, la seule chose philosophiquement importante, c'est ce qui peut faire comprendre aux élèves le caractère idéaliste de la connaissance humaine. Mais les théories de la mémoire, de l'association des idées, de l'imagination, n'ont pas besoin d'être approfondies. Qu'on y songe bien : le professeur dispose de 80 à 90 leçons au plus par an; si on surcharge son programme, comment pourra-t-il donner un enseignement sérieux? En philosophie comme ailleurs, mieux vaut étudier à fond les questions capitales et vraiment philosophiques que parcourir superficiellement toutes les questions.

La logique formelle, surtout la théorie du syllogisme, est également de trop et ne constitue, au point de vue de l'enseignement, qu'une curiosité de spécialistes. Il est même inutile d'insister sur les méthodes des différentes sciences, qui s'apprennent par le seul fait que l'on cultive ces sciences. Les règles de la méthode historique et la critique du témoignage, quelque intérêt qu'elles offrent en elles-mêmes, peuvent être laissées sans inconvénient. La théorie des sophismes doit être réduite à sa plus simple expression : ce n'est pas par l'énumération des *idola* de Bacon ou des *sophismes* de la Logique de Port-Royal qu'on devient apte à discerner le vrai du faux. Tout cela est de la scolastique et doit être laissé aux logiciens de profession. Au lycée, on n'a pas le temps de tout apprendre ; il ne faut donc approfondir que les grands problèmes de la pensée et les grands problèmes de l'action.

Une foule de questions morales et sociales s'imposent aux sociétés modernes, qui n'ont rien à voir avec les théories du syllogisme. Personnellement, pendant notre longue carrière de professeur, nous n'avons jamais enseigné la logique : nous n'avions pas le temps, et, arrivé là, nous disions aux élèves : « Lisez quelque manuel en vue des examens ; le premier venu sera bon. » Et nous passions à la morale ou à la philosophie première, qui sont autrement importantes au point de vue de l'éducation.

De même nous considérons l'histoire complète de la philosophie comme une spécialité. Pour l'apprendre d'une manière profitable, il faut l'approfondir et il faut avoir déjà approfondi les hautes questions, qui font seules l'objet des études historiques sur Platon, Aristote, les Alexandrins, etc. Si vous faites étudier en surface toute l'histoire de la philosophie, les élèves n'en retireront que des noms et des dates à apprendre et, de plus, le faux sentiment de contradictions sans nombre entre philosophes. Il faudrait donc se borner à une exposition rapide des grands systèmes.

Nous avons aussi, bien des fois, demandé la suppression des auteurs philosophiques, qui ne sont plus de notre temps et qui ne peuvent être compris, appréciés à leur vraie valeur que par des esprits déjà formés. D'ailleurs, encore un coup, c'est une question de calendrier et non une question de valeur philosophique. Vous avez 80 leçons à faire ; ne sortez pas de là, et choisissez 80 sujets vraiment nécessaires. Tant pis pour Aristote et Leibnitz si le temps manque de les étudier. Leurs principales théories seront mentionnées à leur place quand on s'occupera des hautes questions de philosophie première. Il faut savoir *choisir* et *exclure*.

Aussi repoussons-nous de toutes nos forces

les propositions tendant à remplacer la philosophie par l'histoire de la philosophie. La moindre question théorique, même traitée médiocrement, vaut mieux que toute l'histoire de la philosophie ou plutôt de la métaphysique et de l'ontologie, car ce qu'on appelle histoire de la philosophie n'est pas autre chose et n'embrasse point vraiment la philosophie tout entière.

Donc : 1° philosophie de la connaissance, de la volonté et de la passion ; 2° philosophie de l'action morale et sociale ; 3° philosophie première, ou grandes théories sur l'existence et les fins de la nature et de l'esprit, voilà la philosophie éducative, la philosophie qui doit être seule enseignée dans les lycées. Le reste appartient manifestement aux Universités.

J'ajoute que les jeunes professeurs de philosophie doivent se mettre en garde contre la tentation de se perdre dans les subtilités dialectiques aujourd'hui à la mode. Ce ne sont pas des cours de faculté qu'on leur demande, mais des leçons de lycée, à la portée d'enfants de seize ans et pouvant exercer sur eux une durable influence. Si la philosophie cousinienne était par trop superficielle et même niaise, celle des nouvelles écoles est par trop abstruse et, parfois même, déniaisée jusqu'au raffinement ; quand on lit certaines spéculations, prétendues très avancées, en réalité très arriérées, sur la contingence radicale, sur l'arbitraire des lois scientifiques, même des lois mathématiques, sur les géométries non euclidiennes et sur leurs prétendues conséquences philosophiques, on a le sentiment (c'est du moins le mien) d'assister à un mouvement de sophistique inconsciente et de dissolution métaphysique. Si le rationalisme éternel est à sa place, c'est dans l'éducation ; qu'on élargisse et qu'on assouplisse le rationalisme, mais qu'on n'ait pas la prétention de le remplacer par ce que j'appellerai le fantaisisme. Le « sentiment », le « cœur », la « croyance », la « foi », sont autant de mots qui cachent le plus souvent notre ignorance ou notre paresse philosophique. Qu'on approfondisse chacun de ces termes, on reconnaîtra qu'il désigne simplement un ensemble de *raisons* confuses et obscures et que, si l'on retranche du sentiment ou de l'action les *idées*, il ne reste rien que d'aveugle, de sourd, de muet et de paralytique. Ce n'est pas aux philosophes, sous prétexte d'action ou de sentiment, à prêcher la foi irrationnelle; qu'ils laissent cette besogne aux théologiens. La philosophie vit de raisons et, là où cessent les raisons, la philosophie cesse. Alors, si vous voulez, « allez à la messe et prenez de l'eau bénite ».

Après le culte cousinien du lieu commun, sous le nom de sens commun, nous avons aujourd'hui le culte du paradoxe. Le succès du nietzschéisme en Allemagne et le succès d'un certain « contingentisme » en France nous en paraissent deux éclatants témoignages; nietzschéisme et contingentisme s'accordent d'ailleurs dans la guerre aux principes de la raison, à tout « rationalisme ». Le rationalisme une fois détruit, la question n'est plus que de savoir si on se jettera dans le sein de l'Église ou dans la morale du Surhomme. Des deux côtés, c'est la raison remplacée, abolie, ou par le sentiment ou par le culte de la puissance,

Wille zur Macht. Les classes de philosophie ne doivent pas coopérer à ce « décadentisme » intellectuel. Elles sont faites pour enseigner les choses acquises en philosophie, et ces choses sont nombreuses, malgré les dires des théologiens, qui ont intérêt à faire croire que la raison en peut rien établir de solide.

CONCLUSION

Nécessité d'une éducation philosophique pour tous les professeurs.

La conclusion de ce livre, c'est que notre admirable corps de professeurs, si savants, si lettrés, si pleins de zèle, manque cependant de quelque chose : une direction. Cette direction, tout intérieure et spontanée, la philosophie seule peut la lui donner, parce que seule elle pose les vrais principes — psychologiques, moraux, sociaux — de l'éducation et de l'instruction même. Sans elle, anarchie; avec elle, unité de but et d'efforts. Mais laisser à l'état anarchique des énergies intellectuelles et morales comme celles de nos professeurs universitaires, c'est plus qu'une faute envers la patrie.

Le projet ministériel dit avec raison : « Former des éducateurs. » Mais comment espère-t-on les former! Est-ce par un enseignement *ex cathedra* de la pédagogie, ce qui serait une nouvelle faute pédagogique ajoutée à tant d'autres commises par les imitateurs de l'Allemagne? Après les innombrables antiquailles scolastiques que nous avons empruntées à nos voisins sous les noms mêmes de philologie et linguistique *modernes*, il ne manque plus que de nous approprier l'étude de la méthode *acroamatique*, de l'*érotématique*, de la *catéchétique*, de l'*euristique*, de la *répétitoire*, de l'*examinatoire*, de la *paralogique*, laquelle se divise, paraît-il, en *intensive*, *inventive*, *intuitive*, *analytico-synthétique*, *démonstrativo-expositive* et *démonstrativo-interrogative*. Ainsi du moins nous l'apprend M. Braun, dans son cours de méthodologie, que nous recommandons aux philologues et grammairiens férus de « méthodes allemandes ». Le projet ministériel recommande aussi dans toutes les classes, « par le choix des textes de lectures et d'explications, par les sujets de devoirs, par la nature des leçons et des commentaires, par l'inspiration de tout l'enseignement, de faire servir plus expressément les études littéraires et historiques à l'éducation morale et au développement du sentiment national, en même temps qu'à la culture de l'esprit. » Mais, pour mener à bien l'excellente réforme que le ministère demande, les professeurs actuels ont-ils reçu la seule vraie préparation, celle qui fournit des *idées* et non pas seulement des *formes*? Comment bien choisir un texte au point de vue de l'éducation, si on n'est préoccupé que de philologie ou même de pure littérature? Croyez-vous d'ailleurs que nos professeurs de grammaire et de lettres *choisissent* véritablement après avoir lu eux-mêmes Cicéron, Tacite, Euripide ou Platon? Ils s'en gardent bien, pour la plupart, ils trouvent des choix de versions tout faits et ils donnent aux élèves ce qu'on leur donne à eux-mêmes; cela est bien plus simple. Quant à faire un commentaire *moral* des versions ou des textes, songez combien cela est difficile, même pour un philosophe qui possède à fond la morale! A plus forte raison pour un professeur de cinquième, de troisième ou même de rhétorique, qui craint de se transformer en prédicateur ou en moraliste, parce qu'il a le sentiment de son incompétence et qu'il éprouve de plus une sorte de fausse honte. Quand il aura dit qu'il faut aimer sa famille et mourir pour la patrie, il sera au bout de sa « morale ».

Le premier précepte de la pédagogie est de savoir d'abord une chose pour l'apprendre aux autres. Si donc l'on veut que les professeurs de lettres et de grammaire enseignent la morale, même « diffuse », et mêlent des réflexions morales à leurs explications grammaticales ou littéraires, ce n'est pas la pédagogie, encore un coup, qu'il faut leur enseigner, c'est la morale même et, avec la morale, la psychologie et les principes des sciences sociales. Tant que *tous* les professeurs de lettres ne seront pas, à un certain degré, des philosophes, tant qu'ils n'auront pas présents à l'esprit les grands principes et les grandes applications de la morale privée et publique, ils seront réduits au silence, même devant les textes qui appellent le plus manifestement le commentaire du moraliste. Tous les cours de pédagogie *ex professo* n'y feront rien. La seule pédagogie, c'est la philosophie.

A l'École normale supérieure, la philosophie devrait avoir la haute direction morale et sociale de l'enseignement. Aujourd'hui, l'accès de l'École normale pour la section scientifique, l'accès des licences et agrégations scientifiques, des doctorats ès sciences, est ouvert, sans le moindre complément d'études classiques, aux bacheliers de l'enseignement moderne; par le certificat d'étude, qui dispense de la licence, ils peuvent, et les diplômés primaires le peuvent comme eux, arriver à l'agrégation des langues vivantes. Enfin, dans tous les cas intéressants ils obtiennent, par décision d'espèce, dispense du baccalauréat classique pour le droit et la médecine. Et ce n'est pas encore assez pour les partisans des modernes! A nos yeux, cela est beaucoup trop. S'il y avait pénurie de professeurs, de médecins et d'avocats, je comprendrais cet abaissement des barrières et cette suppression des garanties d'éducation supérieure; mais c'est précisément le contraire qui a lieu : nous regorgeons d'avocats sans causes et de médecins sans malades; nous regorgeons de candidats au professorat, de licenciés de toutes sortes et même de docteurs. La tolérance de l'École normale, en particulier, ne saurait donc être trop blâmée en ce qui concerne la section scientifique. Il est indigne de cette grande école de ne s'inquiéter que des résultats matériels d'un concours sans exiger une haute culture d'esprit pour ses futurs professeurs. Que seront trop souvent des mathématiciens et physiciens qui n'ont reçu aucune éducation classique et surtout philosophique? Des manœuvres scientifiques, des préparateurs mécaniques aux examens. Comment voulez-vous que des esprits qui n'ont pas été eux-mêmes dégrossis (les x ou y n'ont jamais dégrossi personne) deviennent pour les autres des éducateurs? Nous avons fait ailleurs l'éloge de ce que nous avons appelé les « humanités scientifiques », nous avons montré tout ce qu'un véritable éducateur pourrait tirer de l'étude des sciences au profit des jeunes esprits; mais « les humanités scientifiques » sont à jamais fermées aux professeurs spéciaux dont se contente l'École normale, dont se contente l'Université tout entière, manquant ainsi à tous ses devoirs et à toutes ses traditions de culture supérieure. De même que, pour la section des lettres, l'École normale exige le certificat d'une année de philosophie dans un lycée, de même elle devrait l'exiger pour la section des sciences. Sans cela, nos agrégés de sciences eux-mêmes ne seront jamais, au fond, que des « primaires », à l'esprit plus ou moins étroit ou large. La nécessité d'une sélection parmi des candidats de plus en plus nombreux oblige à augmenter les difficultés des examens, mais l'Université ne devrait pas suivre ici le fâcheux exemple des Écoles polytechnique, navale, centrale, de Saint-Cyr, etc. ; elle ne devrait pas demander le niveau supérieur d'examen à la *quantité* des connaissances, mais bien à leur qualité et surtout à la qualité des esprits. Qu'une école qui ne sert qu'à fabriquer des ingénieurs ou des officiers n'ait ni le moindre sens ni le moindre souci de la haute éducation, cela peut se comprendre ; mais que l'Université, chargée elle-même de l'éducation nationale, n'ait pas davantage le souci de faire des éducateurs, c'est ce qui est moralement scandaleux[1].

A tous vos professeurs, aussi bien de sciences que de grammaire, de littérature, d'histoire, imposez de fortes études philosophiques, de sérieuses compositions et interrogations philosophiques aux examens de licence et d'agrégation, et vous ferez d'eux par cela même de bons éducateurs dans leur spécialité. Ils ne verront plus désormais cette spécialité en elle-même et en elle seule, mais dans le tout. Nos professeurs de grammaire ne se croiront plus obligés d'imiter la philologie pédantesque des Allemands à l'heure même où les Allemands nous envient notre façon littéraire et philosophique d'enseigner. Nos professeurs d'histoire ne se croiront plus obligés d'imiter l'érudition à outrance qui fait que l'esprit germanique se perd dans les détails et, à force de compter les arbres de la forêt, devient incapable de voir la forêt même. Nos professeurs de littérature, à leur tour, ne se croiront plus obligés de s'abîmer dans l'histoire érudite du moyen âge, dans les minuties de la critique littéraire et dramatique. Nos professeurs de sciences ne réclameront plus et n'obtiendront plus, avec la Société de géologie, la réintégration dans les programmes de la géologie et de la paléontologie, comme si les programmes n'étaient pas déjà assez surchargés ! Ils apprendront auprès des Descartes, des Leibniz, des Kant et des Auguste Comte que les seules sciences fondamentales et éducatrices, celles qui donnent la clef de tout, ce sont les mathématiques et la physique, et que le reste doit être abandonné aux besoins individuels ou aux vocations individuelles. Nos professeurs, à vrai dire, sont trop savants, trop érudits, trop lettrés; si l'Université souffre, c'est par l'excès de richesses et de talents. Le remède est simple; il faut élaguer et simplifier les programmes, endiguer et canaliser l'enseignement, discipliner les esprits. La seule discipline, encore un coup, est la philosophie. L'éducation philosophique des maîtres est en outre le seul moyen de « fortifier les humanités » et même de les sauver. Si en effet les « classiques » ne veulent pas être bientôt détrônés et supplantés par les « modernes » et par les « scientifiques », ils n'ont plus d'autre ressource que de jeter là tout leur bagage d'érudition historique, philologique et littéraire,

Abolis bibelots d'inanité sonore!

Qu'ils se fassent psychologues, esthéticiens et moralistes, qu'ils reviennent enfin au grand culte de la beauté, notamment de la beauté morale : les études classiques ne peuvent plus vivre qu'à ce prix.

Là se trouve aussi le moyen de former une véritable élite intellectuelle et morale, dont la démocratie a un besoin absolu. La « volonté générale », pour parler comme Rousseau, le « vouloir-vivre collectif », pour parler comme Schopenhauer, a ses fins et idées directrices, sans lesquelles il n'y aurait ni vie nationale ni progrès national : ce sont ces fins et ces « idées-forces » qui doivent être, par l'éducation publique, inculquées à tout enfant de la nation. Mais comment dégager les grands motifs et mobiles de la vie collective si on n'a pas le sens philosophique? Comment faire tout converger à la formation de l'homme et du citoyen, si l'on n'a pas le sens philosophique? C'est le seul supplément possible au sens religieux qui disparaît. Selon Platon, point de *pratique* sans quelque *magie*, πᾶσα πρᾶξις γεγοητευται. Les religions le savent bien, l'éducation moderne ne s'en souvient pas assez. Si l'éducation cesse d'être religieuse, il faut qu'elle trouve ailleurs de quoi fasciner, entraîner, enthousiasmer les âmes. A la magie de l'imagination il faut substituer celle des grandes idées universelles et des grands sentiments humains. Auguste Comte ne l'avait-il pas compris lui-même? N'a-t-il pas répété sur tous les tons que les spécialistes ne peuvent être des éducateurs, que les philosophes seuls peuvent l'être, parce que seuls ils voient toutes choses dans l'unité du but à atteindre. De même que la force de l'enseignement catholique venait de ce que tous les professeurs étaient des *prêtres* et, à ce titre, des moralistes, des directeurs de conscience, bons ou mauvais, de même l'enseignement secondaire laïque aurait une force irrésistible s'il était donné par des philosophes, se considérant eux-mêmes plus ou moins comme des prêtres de la société nouvelle fondée sur l'union des libres esprits.

Enfin, où est le vrai libéralisme? où est le profond sentiment de la démocratie moderne, de ses aspirations sociales, de ses besoins moraux? N'est-ce pas encore chez les esprits philosophiques, qui sont par essence des esprits libres, par essence aussi des esprits d'unité et d'union? Le grand moyen de l'union sociale dans la liberté, c'est la philosophie. Savants et lettrés sont loin d'être toujours tolérants et ouverts aux idées d'autrui. Souvent même, quoi de plus dogmatique et de plus cassant que les purs savants ou les purs lettrés, à moins que ceux-ci, par un excès contraire, ne se posent en dilettantes? La raison profonde et commune des opinions diverses leur échappe, parce que cette raison gît au fond de l'esprit humain et dérive de ses rapports essentiels au monde extérieur ou à la société humaine. Dès lors, ils n'ont plus que deux partis à leur disposition : ne rien croire ou croire en aveugles, être indifférents ou être intolérants ! La recherche ardente de ce qui est au-delà des apparences, la conviction non moins ardente que dans toute pensée sincère il y a une part de vérité, voilà la caractéristique de l'esprit philosophique, sans lequel il n'y a point de vrai lien rationnel entre les hommes. Un philosophe qui ne comprend pas la doctrine opposée à la sienne, lui parût-elle fausse et même immorale, cesse *ipso facto* d'être philosophe pour prendre l'attitude de négation absolue qui ne convient qu'au savant dans le domaine de la science exacte, au croyant dans le domaine de l'inintelligible. Nulle part, sans doute, on ne *dispute* plus qu'en philosophie, si ce n'est en religion, où l'on fait mieux que de disputer puisqu'on anathématise et que, si on le peut, on brûle. Mais nulle part aussi on ne s'*entend* mieux qu'en philosophie, on ne se tolère mieux, on ne s'estime mieux, parce que l'essentiel de l'esprit philosophique est précisément de pénétrer dans toute pensée pour en saisir l'humaine origine et l'universelle valeur. La « conciliation » après la discussion, c'est la philosophie même, puisque celle-ci a pour objet l'unité de l'esprit humain et l'unité de la vérité universelle. C'est ce qui fait que, dans la pratique, la philosophie aboutit à l'union et à l'amour réciproque. Liberté et fraternité sont les vertus philosophiques par excellence; il faut inspirer à la jeunesse, pour qu'elle les conserve plus tard au sein de la vie civique, ces principes de tout libéralisme et aussi de tout solidarisme.

On a d'ailleurs ridiculement exagéré les divergences qui, sur certains points, existent entre les philosophes. Sur ces mêmes points, où l'obscurité tient à la nature même des choses et de l'esprit humain, les historiens, les littérateurs et les savants s'entendent encore infiniment moins, n'ayant aucune connaissance méthodique des questions, aucun moyen de les résoudre. Dès lors, l'éducation morale et sociale par les lettres, l'histoire et même les sciences, est nécessairement vouée à la lutte des opinions contradictoires sur les grands problèmes de la vie et de la société, qui sont du ressort de la seule philosophie. Les vérités sur lesquelles l'accord a déjà lieu sont beaucoup plus nombreuses que les « profanes » ne se l'imaginent, et, là où l'accord reste à faire, ce ne sont pas, assurément, les historiens ou les littérateurs qui le feront. Entre la foi aveugle des théologiens et la recherche rationnelle des philosophes, des moralistes et des sociologues, il n'y a point de milieu. Si la foi va diminuant, les convictions rationnelles peuvent seules la remplacer : « Travaillons donc à bien penser, voilà le principe de la morale ». C'est Pascal lui-même qui l'a dit.

En résumé, puisque les lettrés se sont perdus dans les raffinements d'une littérature et d'une érudition trop étrangères aux préoccupations morales et sociales de notre temps, puisque les historiens n'ont su trouver dans l'histoire qu'une série de faits plus propres à démoraliser qu'à moraliser, puisque les hommes de science sont restés des hommes de métier, qui ne voient pas plus loin que le bout de leur science particulière et demeurent généralement étrangers à tout le reste, puisqu'il est ainsi reconnu, après une expérience qui date déjà d'un quart de siècle, que philologues, grammairiens, littérateurs, critiques littéraires et dramatiques, enfin mathématiciens, physiciens, chimistes, naturalistes, malgré la meilleure volonté du monde et malgré tout leur talent, ont dévoyé l'enseignement, compromis les études classiques, mal conduit les études scientifiques; puisque, pendant tout ce temps, les philosophes n'ont cessé de protester et de prédire l'échec final; puisqu'ils se sont seuls occupés des questions sérieuses de l'ordre moral et social; puisqu'ils ont donné toujours l'exemple de cette *maxima reverentia* qui est due à l'enfant; puisque les classes de philosophie sont les plus vivantes, celles qui attirent les élèves, qui les initient aux sentiments les plus généreux et aux plus nobles espérances; puisque ces classes représentent l'avenir tandis que les autres s'attardent trop à ruminer le passé, il est temps, il est grand temps d'imprimer aux études une direction nouvelle, qui soit enfin philosophique, par cela même morale et sociale.

On réclame avec raison, de toutes parts, un enseignement « civique ». Profitons de cet état des esprits et de la nécessité qui s'impose de lutter contre les tendances anti-démocratiques pour exiger, dans tous les examens et de tous les candidats, cette étude de la philosophie morale et sociale qui est, en somme, le véritable enseignement civique et démocratique. Aucun parti politique ne pourra sérieusement s'opposer à la généralisation de l'enseignement moral dans l'Université. Pour avoir peu à peu le personnel nécessaire, il faudra faire de la philosophie une des bases de la licence et des agrégations de lettres, d'histoire, de sciences. De ce qu'on est bon paléographe ou fort zoologiste, il n'en résulte pas le moins du monde qu'on sera un bon professeur d'histoire ou de zoologie. Supposez qu'un agrégé de *philosophie*, obligé d'ailleurs, comme il l'est, d'être déjà bachelier ès sciences, fût chargé d'enseigner l'histoire ou les sciences naturelles ; après quelque préparation il les enseignerait mieux, au point de vue scolaire, que maints historiens ou naturalistes de profession. Il dominerait son sujet, il y introduirait l'unité, la simplicité, la généralité, il y mettrait surtout ce souffle et cette vie qui viennent de plus haut que les « petits faits », je veux dire des grandes idées et des grands sentiments. Il saurait, comme le savent presque tous nos maîtres de philosophie, intéresser et même enthousiasmer les élèves. Tout professeur, au contraire, qui n'a pas le goût et l'esprit philosophiques, est un professeur et un éducateur insuffisant, quelque savant qu'il soit : voilà le principe de pédagogie dont on doit partir si on veut une réforme sérieuse et efficace de l'enseignement.

On demandera peut-être si les professeurs de philosophie sont tout à fait à l'abri des reproches que nous avons adressés soit aux historiens, soit aux grammairiens, soit aux littérateurs, soit aux hommes de science. Je répondrai sincèrement que j'ai moi-même, à plusieurs reprises, adressé de sévères reproches à nos jeunes professeurs de philosophie pour certains abus de subtilité dialectique ou métaphysique et pour certains cours qui dépassent trop le niveau moyen des élèves. Mais, après tout, un cours de philosophie trop *élevé* ne risque pas d'abaisser les esprits. Il ne risque pas de les hébéter comme un cours d'histoire chargée de faits et de dates, de géographie trop chargée de noms, de grammaire trop savante, de littérature trop historique et trop critique. Le jour où les professeurs de philosophie auraient une mission morale et sociale plus importante, ils sauraient bien se mettre au niveau de leurs élèves devenus plus nombreux et plus divers.

Je ne demande pas pour cela que tous les professeurs soient des professeurs de philosophie; je me défie de tous les spécialistes, même quand ils sont psychologues, logiciens ou métaphysiciens. Mais je demande que tous les professeurs aient reçu une forte éducation philosophique et morale, qui, seule, peut faire d'eux, à leur tour, de véritables éducateurs.

Au lieu de s'immobiliser soit dans un alexandrinisme littéraire de décadents, soit dans un utilitarisme scientifique à vues étroites, il est temps d'avoir les yeux sur l'avenir moral et social de notre pays, de travailler au développement pacifique de la société nouvelle pour épargner à la France les convulsions et les luttes intestines. On n'y parviendra pas en laissant tout aller dans l'enseignement au hasard des inspirations individuelles, en abandonnant les études à la lutte égoïste des spécialistes criant : chacun pour soi. La vraie philosophie, elle, n'est plus simplement une spécialité : elle est, si on peut dire, une universalité; la vraie morale privée et sociale, qui est l'application de la philosophie, n'est pas une spécialité : elle est ou doit être l'esprit universel de l'enseignement, l'âme omniprésente de l'éducation.

La philosophie a désormais devant elle des destinées plus hautes encore que celles qu'elle a eues jusqu'ici. Avec la psychologie, la sociologie et la morale, qu'elle couronne d'une cosmologie et d'une doctrine de l'esprit, elle est appelée à devenir, pour sa part, la directrice des sociétés futures. Quoi qu'on pense de l'avenir des religions, il est bien clair qu'elles se transforment en un sens philosophique et que, pour un nombre d'âmes toujours croissant, la seule religion demeure la philosophie plus ou moins consciente et raisonnée. La morale se sépare de plus en plus des dogmes; elle devient, d'une part, de plus en plus scientifique, d'autre part, de plus en plus philosophique, appliquée à résoudre les grands problèmes de l'existence et de l'action. Les philosophes doivent se pénétrer du grand rôle que l'avenir leur réserve. L'hégémonie morale du XXe siècle, surtout dans l'ordre de l'éducation, doit appartenir aux philosophes et sociologues, et je n'ai pas la moindre hésitation à prédire qu'en fait, avant cent ans, elle leur appartiendra. Une nation qui en aurait le sentiment et donnerait aux autres nations le premier grand exemple d'une éducation vraiment philosophique rendrait service à l'humanité en même temps qu'à elle-même. Et quelle nation peut mieux le faire que la patrie de Descartes?

TABLE DES MATIÈRES

LIVRE PREMIER

L'ÉCHEC PÉDAGOGIQUE DES LETTRÉS ET DES SAVANTS

LIVRE DEUXIÈME

LA RÉFORME DE L'ENSEIGNEMENT CLASSIQUE ET MODERNE

LIVRE TROISIÈME

IMPORTANCE CROISSANTE DES ÉTUDES PHILOSOPHIQUES

Coulommiers. — Imp. PAUL BRODARD. — 220-1901.

La Réforme de l'Enseignement secondaire, par M. A. RIBOT, député. Un volume in-18 jésus, broché. 3 50

Le livre de M. Ribot est une étude magistrale sur l'ensemble de la question de l'enseignement secondaire aussi frappante par la clarté de l'exposition et la sévère beauté de la forme que par la sûreté, la précision et la richesse de l'information. C'est plus qu'un rapport, c'est un livre de haute pédagogie, appelé à prendre place à côté des beaux rapports, devenus aussi de beaux livres, de M. Gréard. Il était impossible de mieux résumer et de mettre en plus forte lumière avec une plus sage mesure, les maux dont souffre notre enseignement public, les causes qui les ont produits, et de mieux justifier les remèdes qu'il convient d'y apporter.

L'impartialité, la patience laborieuse, le zèle que M. Ribot a mis dans la direction des travaux de la commission viennent de trouver dans la publication de ce rapport leur première et, sans doute, leur meilleure récompense. (*Le Temps.*)

Les Études classiques et la démocratie, par ALFRED FOUILLÉE, de l'Institut. Un vol. in-18 jésus, broché . . . . 3 »

Les questions d'enseignement et d'éducation, qui donnent lieu aujourd'hui à des discussions passionnées, sont traitées trop souvent au point de vue d'intérêts particuliers; prenant le sujet de plus haut, M. Fouillée s'est demandé comment peut se former en France l'élite dont toute démocratie a besoin pour ne pas tomber dans la démagogie. Quelle est la vraie nature de ces « besoins modernes » sur lesquels on se contente aujourd'hui d'idées vagues et contradictoires? Quelles sont les nécessités nouvelles qui découlent des progrès de la science, de l'industrie, du commerce, de la colonisation? L'auteur soumet à l'examen les études classiques et cherche de quelles réformes elles sont susceptibles; il fait aussi un vivant tableau de l'Enseignement moderne, en montre les défauts, cherche les moyens de l'orienter vers sa vraie destination pratique.

N° 302bis.

A propos de nos Écoles, par M. Ernest Lavisse, de l'Académie française, professeur à l'Université de Paris. 1 vol. in-18 jésus, broché. 3 50

Ce volume est formé d'un certain nombre de morceaux déjà connus, discours, lettres, articles de journaux. Mais si ce ne sont là que des morceaux détachés, quelques-uns, comme l'admirable lettre aux étudiants belges, ont une portée politique qui dépasse les bornes des frontières actuelles. Que de vérités, et quelles vérités de tout ordre, pédagogiques, morales, sociales, internationales, y sont semées! Que de conseils, aussi francs qu'affectueux, à l'adresse de cette jeunesse qu'il défend si énergiquement contre ses propres faiblesses! Quelle fermeté et quelle hardiesse dans la critique, véritable examen de conscience professionnel, puisqu'elle porte sur les routines, les préjugés et les erreurs de ce grand corps universitaire dont M. Lavisse est une des gloires et auquel, en ami fidèle et sincère, il ne ménage pas les leçons!

Frédéric Passy. (*Le Siècle.*)

L'Éducation dans l'Université, par M. Henri Marion, professeur à l'Université de Paris. 1 vol. in-18 jésus, broché. . . . . 4 »

Ce livre est destiné d'abord aux professeurs, aux jeunes professeurs surtout, à ceux qui, désireux de bien accomplir la mission sociale qui leur est confiée, sentent que l'expérience leur manque encore et cherchent les conseils d'un bon guide. Il s'adresse aussi à tous les pères de famille qui confient leurs enfants à l'Université et ont le droit de savoir si leur confiance ne risque pas d'être trompée.

On sait avec quelle autorité M. Henri Marion s'occupa des questions de pédagogie; tous ceux qui liront son ouvrage seront également frappés de l'accent de sincérité qui en anime toutes les pages. Tous aussi rendront justice au solide bon sens, à la haute raison qui les ont inspirées. Par-dessus tout ils seront frappés du sentiment moral, élevé et généreux, du patriotisme ardent et éloquent qui en font l'unité et l'âme.

(*Revue pédagogique.*)

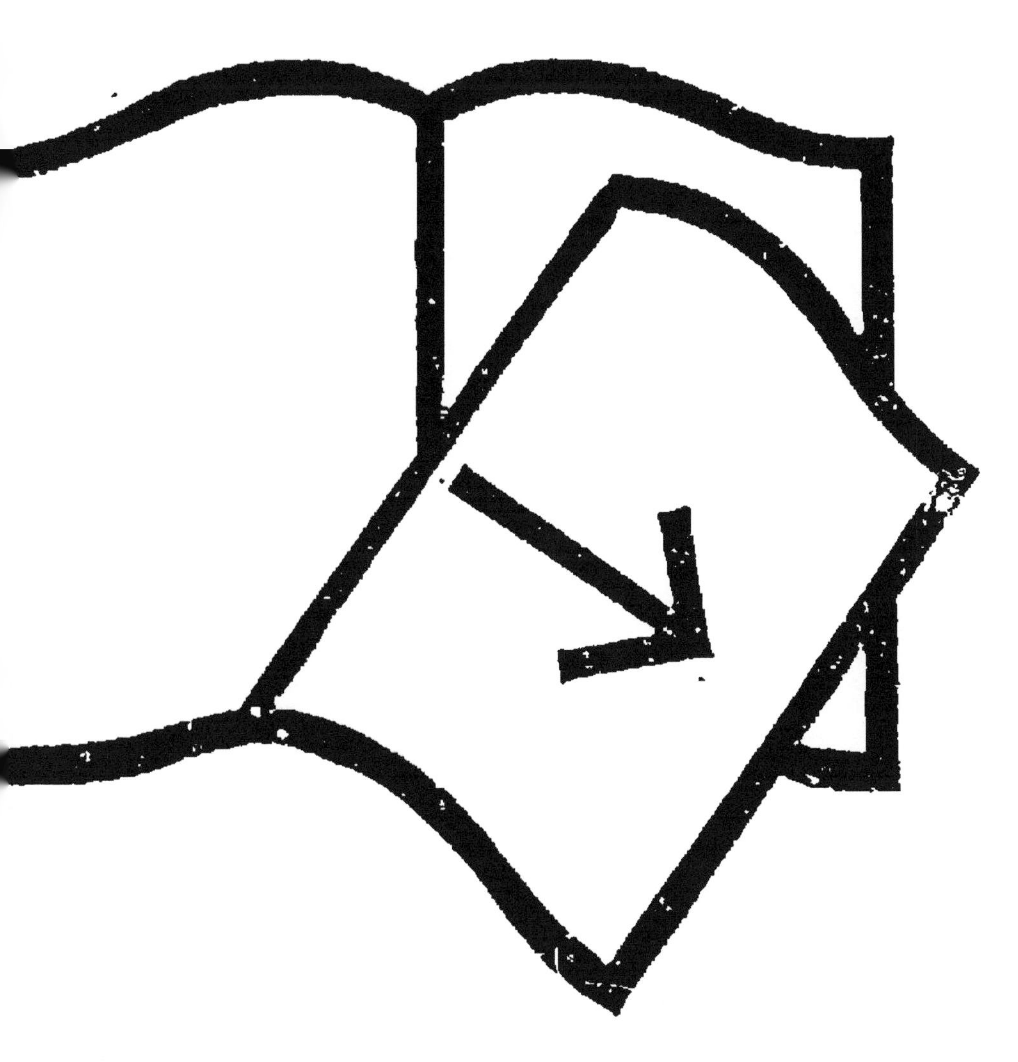

Documents manquants (pages, cahiers...)

NF Z 43-120-13

www.ingramcontent.com/pod-product-compliance
Ingram Content Group UK Ltd.
Pitfield, Milton Keynes, MK11 3LW, UK
UKHW020118200726
13856UKWH00002B/617

9 782013 55085